나는
소망으로 살아 있다

Life sustained by Hope!

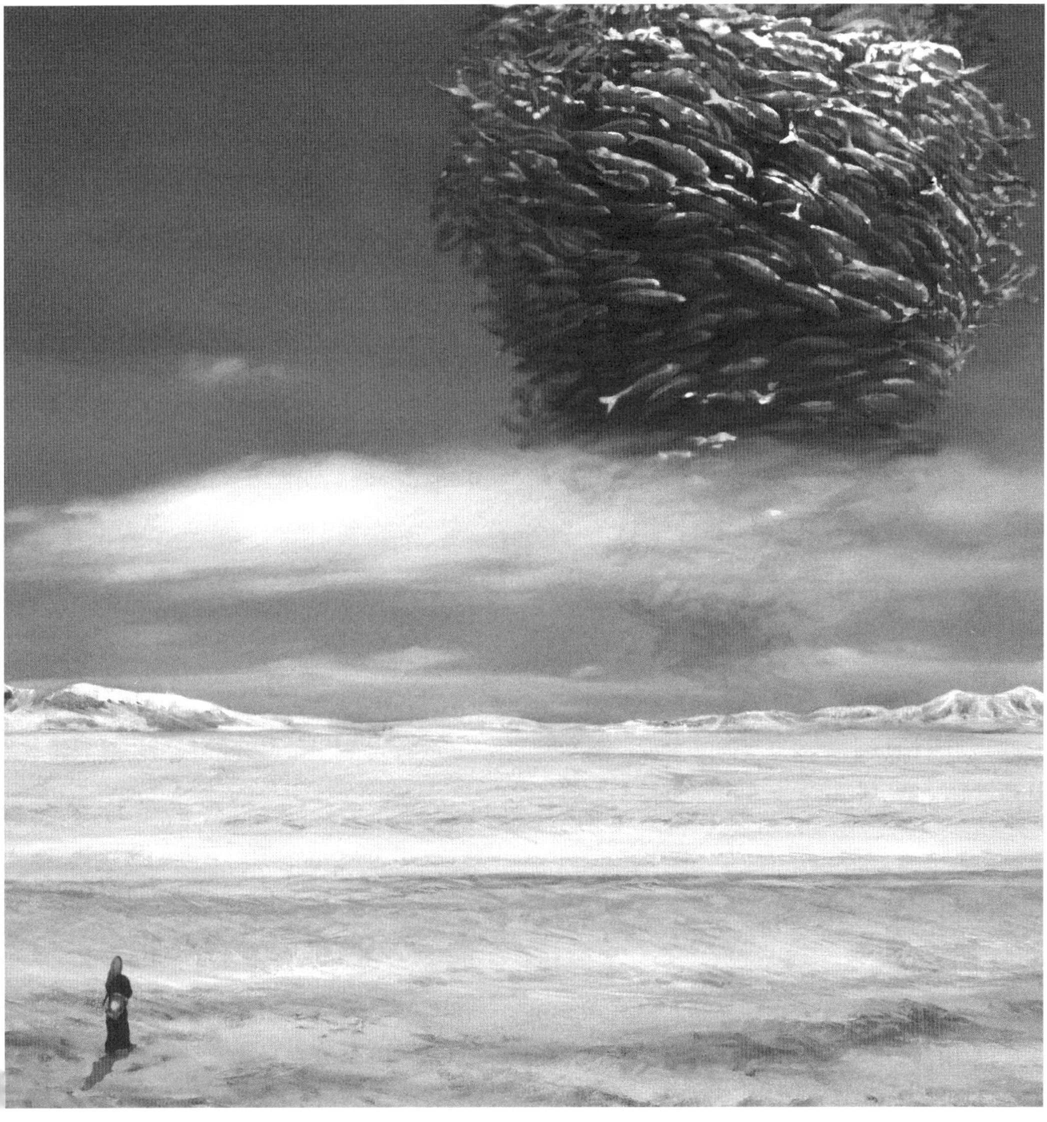

김성복 목사 지음 · 김은진 목사 편집

쿰란출판사

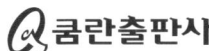

추천사

　예술가들은 작품이 완성되기까지의 고통을 산고(産苦)에 비유하곤 합니다. 그도 그럴 것이 우리가 예술작품을 보고 감동을 하게 되는 것은 작품 속에서 고난을 이겨낸 예술혼을 느끼기 때문입니다. 노래 한 곡을 선보이기까지 가수는 그 곡을 평균 300번 이상 불러야 하는 고통이 있다고 합니다. 시(詩) 한 편, 설교 한 편을 완성하는 과정에도 고통이 따릅니다. 우리의 인생에 고난이 따르지 않는 일은 없습니다. 실제로 산고에 비할 만한 수고를 거쳐야만 사람들의 심금을 울리고 삶을 변화시키는 결과물이 탄생하기 때문입니다.
　이 책은 고난의 순간을 믿음으로 이겨내는 한 가정의 모습을 통해 하나님의 계획하심과 인도하심을 깨닫게 해줍니다. "고난은 하나님을 버릴 기회가 되기도 하지만 하나님을 더욱 가까이 할 수 있는 통로이기도 하다. 이러한 목사님의 고백은 고난을 이겨낸 사람으로서 고난에 대처하는 우리의 신앙이 어떠해야 하는지 경각심을 불러일으키기에 충분합니다. 고난을 통해 장성한 분량에 이르기 원하시는 하나님의 뜻을 깨닫지 못한 인생은 고통과 불행 그 자체이기 때문입니다.
　무엇보다 이 책은 하나님께서 우리를 얼마나 사랑하고 계시는지 바라보게 한다는 점에서 큰 의미가 있다고 말할 수 있습니다. 고난을 통해 깨달은 하나님의 사랑과 은혜를 인생의 고백으로 새기고 있는 이야기들은 오늘날처럼 사랑이 식어지고 믿음이 약해지는 시대, 이 땅의 그리스도인들이 진정으로 의지해야 할 믿음이 무엇인지 다시 한번 바라보게 합니다.

바라기는 이 책을 통해서 고난의 길을 걷고 있는 많은 사람들이 자비하신 하나님의 선한 손길을 굳건히 붙잡게 되기를 바라고, 유한한 인생의 고난을 넘어 영원한 하나님의 나라를 위해서 기꺼이 그리스도의 고난에 동참하는 역사가 일어나길 소망합니다. 그리하여 혼탁한 이 세상에 사랑의 빛을 밝히는 이 땅의 참된 그리스도인들이 되기를 간절히 소망합니다.

이 책을 통하여 하나님이 영광을 받으시고, 책을 읽은 모든 사람들에게 감동이 넘치기를 원하면서 추천의 마음을 전하는 바입니다.

2025년 4월
김동엽 목사
(증경총회장, 목민교회 원로목사)

추천사

『삶의 神學化』란 무언가

　김성복 목사는 간경변으로 간이식 등 큰 수술을 다섯 차례 받고 살아났다가 결국 병을 물리치지 못하고 50대에 이 세상을 떠났다. 이 책은 10년에 걸친 그의 투병기이다. 김성복이 만난 같은 병을 겪은 사람은 적지 않을 것이고 병에 져서 생을 마감한 사람도, 병을 이기고 살아난 사람도 많을 것이다. 그러나 이 책은 김성복이 그 많은 사람들과 같지 않음을 일러준다. 그는 이 책을 읽는 사람들을 데리고 그 몹쓸 병과의 전투, 전쟁의 현장으로 들어가서 함께 싸우고, 피 흘리고, 쓰러지고 다시 일어나 승리의 노래를 부르며 하나님께 달려가고 또 무너지고 절망한다. 다음날 우리는 눈을 뜨자마자 그와 함께 새로운 싸움터로 나아간다. 나는 이제껏 이런 진실한 투병의 고백을 본 적이 없다.

　이 책의 페이지마다, 문단마다, 줄마다 그는 아내와 두 아들과 손잡고 하나님 앞에 엎드리면서 회복을 간구하고 감사하고 또 고통을 원망한다. 가족의 사랑과 믿음이 하나님과의 교감의 밧줄이 되고 그의 병은 이 가족과 하나님이 만나는 이유가 된다. 물론 이들을 통해 독자는 하나님의 은혜를 넉넉히 나누어 받는다.

신문사의 정치부 주력 기자로서 한참 세상을 누빌 때 그는 간경변 말기 선고를 받는다. 치료는 절망적이지만 그는 퇴사하여 용기 있게 투병 생활에 돌입한다. 치료의 전 과정이 기적의 연속이면서 절망의 반복이 된다. 그런 중에 그는 신학교육을 이수하고 목회사역을 시작한다. 병은 그를 천천히, 그러다가 급속히 죽음으로 몰고 간다. 날마다 생명의 비상구를 찾아 헤매다가 그는 결국 『삶의 神學化』라는 특이한 명제에 도달한다. 책을 읽는 사람은 이 개념을 나름대로 삶과 죽음의 공존, 하나님의 은총에 대한 절대적 복종과 감사라고 이해하면서 이제는 이 세상에 없는 김성복의 신학을 공부한다. 가까이와 있는 죽음을 항시 의식하며 차분하게 육체의 아픔과 정신의 고통과 가족에 대한 미안함과 그 사이사이에 찾아드는 안식, 이 모든 것을 낱낱이 하나님께 고하고 있는 이 사람을 바라보며 우리는 감탄하고 감동에 몸을 떤다. 아직 살아있는 나 같은 사람의 인생이 오히려 무의미하게 느껴지게 하는 이 책은 도대체 무엇인가?

한 지식인의 투병기이고 신앙고백이고 가족에 대한 사랑의 노래인 이 책은 그러나 그보다 몇 갑절의 뜻을 한 글자 한 글자에 담아 우리의 영혼에 전달한다. 어쩌면 사랑하는 후배의 유고에 과한 찬사를 늘어놓는 것으로 들릴지 모르나, 13년 전 우리들 곁을 떠난 이 맑

디맑은 영의 소유자 앞에 나는 한마디도 진실 아닌 것을 뱉을 자신이 없다. 신문사에서 그의 상사로서 1984년부터 1997년까지 13년을 우리는 함께 일했다. 그는 병으로 인해 퇴직했고 나는 정년에 이르러 회사를 떠났다. 그 후 김성복이 병고 가운데에서 신학을 하고 목회자가 되는 동안 우리는 만날 기회가 별로 없었다. 그리고 엊그제 그의 부인 김은진 목사가 찾아와 이 책의 가본을 내게 전해주었다.

 책 한 장 한 장이 김성복의 마지막 날들을 전해줄 때 나는 눈물을 삼키며 그의 고통과 성취를 또박또박 더듬어 갔다. 생과 사를 달리한 두 사람이 오직 신앙의 언어로 이토록 손쉽게 여러 날의 공백을 뛰어넘고 간절한 교감을 이룰 수 있음에 놀라고 감사했다. 김성복의 미남형 얼굴, 큰 키, 온화한 미소를 기억하기에 모든 장면이 마치 분초 단위로 잘 만든 다큐멘터리를 보는 듯 눈앞으로 달려왔다. 그러면서 그에게 묻는다. 삶과 죽음 사이에 외줄타기를 하고 있으면서 무슨 보고서를 이토록 샅샅이, 생생하게 기록하고 있는가? 하나님께서는 다 알고 보고 계시는데! 그러나 너무도 일찍 가버린 것은 원망스럽다. 더 많은 이야기들을 그 좋은 문학적 기량으로 더 많은 사람들에게 들려주었어야 했는데.

 그 옛날 김성복이 연인 김은진의 부모님께 청혼을 드리는 대사를 당하자 정치부 몇 사람이 도움을 자청하여 과일 상자를 짊어지고 중곡동 처가로 쳐들어가 따님을 맡겨주시라고 간청했던 기억이 생생하다. 그렇게 시작된 행복의 절정에서 김성복은 하나님의 지엄하신 명을 받아 고난 속의 선택을 하여 주의 종이 되고 짧은 사역을 마치고 천국에 들었다. 이제, 김은진 목사와 두 아드님이 이어가는 하나님의 사역으로 이 가족은 오늘 큰 보상을 받고 있다. 이 책을 하나님께 바치며 감사드리는 모습이 사랑스럽다.

꼭 한 가지, 김성복 목사 표 고난의 철학, 『삶의 神學化』에 이제 모든 독자들과 더불어 꽃다발을 한 묶음 놓는다. "나에게 닥친 고난을 감사의 눈으로 다시 해석하는 작업이 '삶의 신학화'이다. 어떠한 삶의 자리에서도 자기 삶을 신학화하면서 사는 사람들이 바로 그리스도인이다. 내 삶을 신학화하면 모든 것이 감사뿐이다." 이 책이 우리에게 주는 선물이다.

2025년 4월

김명식 장로

(소망교회, 한국장로신문 『종로광장』 칼럼니스트,
前 Korea Times 정치부장, 편집국장)

목차

추천사_ 김동엽 목사(증경총회장, 목민교회 원로목사) • 2
　　　　김명식 장로(소망교회, 한국장로신문 『종로광장』 칼럼니스트) • 4
프롤로그 • 12

1부 오늘을 사는 힘

만남 – 하나님의 계획_ 16
불청객_ 19
고봉산_ 22
인생 묵상_ 24
투병은 영적 전쟁_ 28
찬양의 신비_ 30
편안과 평안_ 32
위대한 신앙 유산 – 고난에 당당히 맞서라_ 33
내일의 희망이 없는 사람이 오늘 무슨 힘으로 살아갈까_ 36
소망을 사라_ 39
하늘 리포터_ 40
왕따는 없다_ 43
물과의 전쟁_ 45

소금과의 전쟁_ 49
상처받은 마음의 치유_ 52
투병의 한복판에서 입학한 장신대 신대원_ 55
하나님과의 대화_ 57
병에 감사하는 마음_ 60
죽음을 감사하다_ 63
고독이라는 합병증_ 66
건강한 사람·병든 사람_ 69

2부 투병의 꽃등

세 번의 잇단 위기 중에서 감사_ 74
주삿바늘과 십자가 못_ 80
안경_ 81
응급 호출_ 84
장기 수혜에 얽힌 사연_ 88
수술 전야_ 91
수술실 앞에서_ 95
아버지 생각_ 100

수술실_ 102
회생의 순간_ 105
교감_ 111
70일간의 사투_ 117
거부반응_ 121
악몽_ 123
침묵의 바다_ 128
크리스마스 캐럴_ 135
재수술_ 139
불면증 – 밤샘 대화_ 144
터널 끝_ 147
5204호실을 떠나며_ 152

3부 삶의 신학화

재입원_ 156
계속되는 입원_ 160
당뇨_ 161
백내장 수술_ 163

탈장 수술_ **165**
죽음의 문턱에서_ **167**
수술 후 관리_ **169**
절개의 미학_ **170**
삶의 신학화_ **173**
은혜 회상 장치_ **176**
장신대 복학_ **178**
어머니 생각_ **184**
음반 작업_ **187**
환우 여러분께 드리는 당부_ **191**

에필로그 · **194**
저자 소개_ 김성복 목사 · **197**
편집 후기(김은진 목사의 글)_ 예수가 살아서 · **202**

삽화_ 김율리, 김윤아 어린이

프롤로그

神의 음성은 세미해서 오직 세상 욕정의
소음을 끈 가난한 마음속에서만 크게 들린다.

비바람 눈보라가 교대로 세월을 힘겹게 밀고 갔다. 투병하는 동안, 스무 번 계절이 바뀌었다. 간경화 투병 5년. 사망으로의 출구는 가깝고 생명으로의 비상구는 아득했다. 1999년 11월 25일, 극적으로 뇌사자 간이식 수술을 받고 생명의 비상구로 탈출했다. 생명의 땅으로의 귀환-오랜 망설임 끝에 이제 내 이야기를 세상에 내어놓을 결심을 한다.

철사처럼 질긴 사망의 덫에 걸려 있는 동안 나는 죽음을 사색했고, 삶을 갈망했으며, 생명과 존재의 의미를 탐구했다. 호되게 비싼 수업료를 치르면서…. 병이 아니면 결코 듣지 못하고 깨닫지 못하는 생각들이 있다. 이 글은 내 인생 중 고난의 시간에 듣게 된 이야기며, 또한 나와 같은 시련을 겪는 이들에게 들려줄 이야기다. 나의 독자 중에 단 한 사람이라도 사망의 손을 뿌리치고 생명으로의 귀환을 감행하는 용기 있는 자가 되기를 바랄 뿐이다.

간 이식 후 5년이면 비로소 '제 것'이 되기 시작한다고 한다. 나는 매우 나쁜 상황을 극복한 케이스다. 모두 네 번의 수술과 다섯 번의 죽을 위기를 넘겼다. 그 고빗사위마다 하나님이 거기 계셨다. 모든 것이 하나님의 은혜다. 부디 많은 분들도 하나님의 위로와 사랑을 체험하길 원한다.

사망의 추격을 피하여 생명의 비상구를 찾기까지 내가 그 위로와 용기를 어디서 어떻게 얻게 되었는지 이 책이 때론 진솔한 삶의 묘사에서, 때론 그 행간에서 길을 보여주게 될 것이다.

덧붙여 인고의 긴 세월 동안 인동초처럼 가슴이 까맣게 타도록 참아주고, 헌신하고, 함께 아파하고 몸부림친 아내와 가족들에게 진심으로 감사한다. 또한 기도와 격려를 아끼지 않았던 많은 분들에게 감사의 말씀을 드린다.

최고의 감사와 영광은 생명의 主 하나님께 바친다.

김성복

1부

오늘을 사는 힘

만남 – 하나님의 계획

1986년 10월 2일, 푸른 하늘은 높고 가을은 농익었다. 기사를 마감한 기자들은 한두 명씩 편집국을 빠져나가고, 기사 원고를 받아 든 편집부원들만 코앞에 다가온 마감 시간을 앞두고 분주하다. 한두 시간 전까지만 해도 수십 대의 미제 중고 타이프라이터가 쏟아내는 자갈 밟는 듯한 요란한 소리는 아침 안개처럼 공중으로 사라져버리고 편집국은 마치 파장을 앞둔 어시장 같다. 정치부 선배들도 다 자리를 비워버리고 입사 3년 반의 말석인 나 혼자 덩그렇게 자리를 지키고 있다. 나도 저녁 취재를 나갈까 하다 그냥 자리에 눌러앉아 영어 소설 원서를 집어 들었다. 느긋한 자세로 몇 페이지를 읽고 있는데 부장석의 전화벨이 울렸다. 젊은 목소리의 여자가 '정치부의 김성복 기자'를 찾았다.

잠시 후, 낯선 여자가 편집국 입구에 들어서며 마침 문 앞에 있던 편집부장에게 뭐라고 하더니 그가 손가락으로 가리키는 내 쪽을 향해 조심스럽게 다가왔다. 책에서 눈을 반쯤 떼고 가까이 오는 그녀를 바라보던 나는 나도 모르게 '저 여자가 내 짝이 되면 좋겠다'라는 엉뚱한 생각을 하고 있었다.

그녀는 영어신문 기자가 되고 싶어서 그 방법을 알고자 찾아왔다고 했다. 하지만 나는 내 엉뚱한 생각이 현실이 되길 바라며 그로부터 석 달간 하루도 빠지지 않고 그녀를 만났다. 알고 보니 우리는 같은 대학 동창이었고 그래서 더 쉽게 가까워졌다. 그해 12월 20일, 마침내 내 엉뚱한 생각은 실현되었다. 그녀를 처음 만난 지 정확히 80일 만이었다. 일이 그리도 급속도로 진전되리라고는 상상하지 못했다. 마치 누군가 우리의 등을 떠미는 것만 같았다. 우리의 만남은 하나님의 계획에 들어있었던 것인가?

사실 출근 시간은 있지만 퇴근 시간은 없는 조간신문 정치부 기자가 매일 저녁 일찍 자리를 뜨는 일은 있을 수 없다. 그런데 정치부 선배들은 "걱정하지 말고 빨리 나가 보라"고 편의를 봐주었고, 나와 그녀의 관계가 꼬일 때는 과일 상자를 어깨에 걸머지고 그녀의 집 앞까지 동행해 바람을 잡아 주었다. 누가 시켜서 한 일일까? 그러고는 선배들이 나보다 더 신바람이 난 것 같았다.

연애 기간 중 그녀가 내게 준 기억에 남는 선물은 두 권의 성경책이었다. 한 권은 우리말 성경이었고, 다른 한 권은 영어 NIV 성경이었다. 성경은 내가 어릴 때 어머니의 손을 잡고 성당에 다니던 추억을 떠올리게 했다. 안드레 신부님, 안젤리카 수녀님, 수녀님이 보여 주셨던 예수님의 화상, 영세와 견진, 고해성사, 미끄럼틀, 톱밥 난로…다시 돌아가고 싶은 아련한 추억이었다. 우리 가족은 내가 중학교 3학년 때 아버지가 돌아가신 후 15년간 냉담하고 있었다. 죄책감을 느끼고 있을 때, 하나님은 그녀를 통해 나를 다시 부르셨다.

성경책을 선물 받고 그녀를 따라 몇 번 교회에 나갔다. 그때 우리 가족 중에는 아무도 교회 다니는 사람이 없었고, 누이들은 오히려 절을 찾아다니고 있던 때였다. 결혼 후 3~4년이 지난 어느 날부터 하나님의 말씀이 나를 압도하기 시작했다. 성경을 연구하는 것이 무척이나 재미가 있어 말씀이 꿀송이처럼 달게 느껴졌다. 기사를 마감하고 나면 또다시 저녁 취재를 해야 하는데도 회사에 앉아서 성경책을 버젓이 펴놓고 읽기를 여러 날 동안 계속했다.

그러자 어느 날 부장이 "김성복 씨, 당신 목사 될 거야? 아니, 성경책만 읽고 있으면 어떡해!" 하고 꾸중을 했다. 그의 말은 예언이 되었다. 그즈음 내 마음속에도 살며시 떠오르는 생각이 있었는데 그것은 목사가 되고 싶은 생각이었다. 그래서 혼자 은밀히 기도하기를 "하나님, 저같은 죄인도 목사 시켜 주시면 하겠습니다"라고 하였다. 그리고 아내에게 메모를 남길 때도 '예비 목사 김성복'이라고 쓰곤 하였다.

그러나 갑자기 회사를 사직하기란 쉬운 일이 아니었다. 우선 가족의 생활을 책임져야 했고, 둘째로는 정치부 기자라는 자리에서 발을 빼기가 쉽지 않았다. 그때 나는 소위 잘나가고 있었기 때문이다. 신문사에 입사하자마자 첫 출입처로 총리실을 맡았고 이후 외무부, 국회 출입 기자를 거쳐 청와대 출입 기자가 되었을 때는 불과 서른두 살의 나이였다. 젊은 나이에 권부를 출입하는데 기자직을 버리고 나오기가 쉽지 않았다. 그래서 하나님께 "일 년만 더요, 일 년만 더요" 하고 있었다.

불청객

어느 날
병(病)이라는 놈이 불청객처럼 찾아왔다.
그리고 나의 삶을
구기지르기 시작했다.

14년여의 신문기자 생활에
억지로 종지부를 찍게 하고
내 손에 쥔 세상 것들을
강도같이 모두 털어 갔다.

젊은 날 5년을 난도질해
인생의 황금기도 동강 내버렸다.
내 인생은 마구잡이로 어지럽혀졌다.

꿈인가, 생시인가!

그놈의 불청객은
나로 하여금
깡그리 털린 빈손을 들여다보며
골똘히 생각에 잠기게 하였다.

빈손 안에서
잃어버린 세상 것들의 잔영(殘影)이 아니라
오히려
영혼의 문제가 보이기 시작했다.

1994년 11월, 대통령 해외 순방 및 APEC 정상회담 취재에서 돌아온 후 며칠 동안 온몸이 갈기갈기 해체된 느낌이었다. 힘이 모이지 않고 분산되었다. 안색은 햇노랗다. 먹은 것이 소화가 안 되고 팽만감으로 속이 거북스러웠다. 소변이 줄어들었다. 가스 제거제를 복용했으나 더부룩하긴 매한가지였다.

그러던 어느 날 출근하려는데 구두가 맞지 않았다. 발이 푸등푸등 부어올랐다. 불길한 예감이 솟구쳤으나 이내 방정맞은 생각이라면서 내쳐버렸다. 신을 접어 신고 회사를 향했다.

퇴근 후에는 몸을 가누기도 힘들었다. 이튿날 검사를 위해 병원에 갔다. 내키지 않은 발걸음이었다. '즉시 입원' 지시가 떨어졌다. 정밀검사 3주 후, 결과는 청천벽력이었다.

'간경변 말기'였다.

인생의 갈림길 앞에 선 순간이었다. 그러나 나는 순응하기를 거부했다. 뜬금없이 날아든 비보에 선뜻 동의할 수 없었다. 그럴 리가 없다! 오진이기를 간절히 바랐다. 예전처럼 똑같이 가던 길을 갈 것이라고 다짐했다.

강청하여 퇴원한 후 아무 일도 없었던 것처럼, 아니 그러기를 바라면서 근무를 했다. 그러나 나는 한 치 한 치 무너져 가고 있었다. 몸이 마음을 이기지 못했다. 청와대 출입 기자 이름을 내려놓고 조금 일이 가벼운 경제부로 자리를 옮겼다. 그러나 경제부 외근이 버거운 날이 왔다. 다시 외근 업무를 내려놓고 내근 부서로 옮겨갔다. 편집을 맡았다. 편집도 버거운 날이 왔다. 편집부서에서 국제부로 자리를 옮겼다. 역시 국제부도 버거운 날이 왔다.

사직서를 제출해야 했다. 마지막 날이 오고 말았다. 거짓말이길 바랐다. 꿈이기를 바랐다. 그러나 현실은 칼날처럼 날카로웠다.

고난은 하나님을 버릴 좋은 기회이자, 또한 하나님께 더욱 가까이 갈 수 있는 좋은 통로이기도 하다. 고난은 내게 선택을 요구했다. 하나님을 버릴 것인가, 아니면 하나님께 매달릴 것인가? 선택은 자유였다. 그러나 선택을 잘해야 한다는 것을 나중에 죽음의 문앞에 서보고야 뼈저리게 느끼게 되었다.

* 구기지르다: 함부로 마구 구기다

고봉산

 죽음이 앞마당에 들어서고 나서부터 나는 뒷산을 바라보곤 하였다.
 인생은 바람처럼 지구를 스쳐 지나가는데 산은 긴긴 시간 거기에 있다. 나도 산이 되길 원한다. 산이 사계의 옷을 갈아입으면 나는 몸서리쳐지는 고독에 빠진다. 산의 탈바꿈, 자연의 생명력을 나는 배울 수 없어 검은 눈물만 흘린다.
 청산의 생명력을 부러워하는 나에게 침묵하던 청산이 말을 걸어왔다.
 "한 번 올라와."
 "힘들어. 복수가 많이 찼거든."
 산은 내가 용기를 가질 때까지 잠자코 기다려 주었다. 어느 날 큰맘 먹고 비탈을 올랐다. 비탈에 선 나무, 풍상을 이겨낸 나무 곁에 나도 선다. 소나무가 뿜어내는 생명의 향기가 온몸에 흡입되어 잠자던 세포를 깨운다.
 신의 기운이 몸에 깃들다. 치유라는 단어를 떠올린다.

그러나….

치유는 한숨만큼 긴 기다림의 문을 통과해야 얻을 수 있는 것인가? 높지 않은 산머리에 앉으니 저 아래 빽빽이 들어선 아파트의 지붕들이 발끝에 닿는다. 지붕 밑의 'mortals'. 죽음의 세력에게 이미 인생의 앞마당을 내준 자가 'immortal'을 꿈꾸며 하늘만 바라본다.

인생 묵상

인생길은

내 것 아닌 '생명'이라는 배를 빌려 타고

그 배의 선장인 양

이것저것 내 마음대로 결정하며 가는 항해와 같다

내 것 아닌 생명이

내 재산 목록 1호라니…

그러기에

생명의 주인이 "내 것 내놓으라"고 하면

언제든지 하선(下船)해야 하는 것이

인생이다

인생의 여정에는 왕복 티켓이 없다

편도 여행만 있을 뿐이다

다시 한 번 기회가 주어지면

더 멋진 삶을 살 것 같다

그런 자신감이면

다가올 날도 똑같이 멋지게 살 수 있을 텐데

왠지 살 일을 생각하면

자신이 없어지고

두렵기만 하다

그렇다고 두려워 떨고만 있을 수도 없는 것이

인생길이다

내가 준비가 되어 있든 되어 있지 않든

인생길은

한 번 들어서면 중단 없이 달려가야만 하는 길

시간의 톱니바퀴의 속도보다

빨리도 느리게도 달릴 수 없는 길

인생은 시간이라는 이름의 전차에

타고 내리는 승객

누군가의 도움이 있으면 좋겠다

인생을 먼저 살아본 사람들의 경험은 많은 도움이 될 것이다

그러나

그들도 인생이 무엇인지 다 알지 못하여
더듬거리며 살아가고 있는 것을…

인생은 드라마,
그러나
대본도 리허설도 없다
나는 그 인생의 주인공
그러나
감독은 아니다
그러면
누군가 감독이 있겠군요

　인생을 살다 보면 크고 작은 풍파가 밀려온다. 인생의 대 항해 길에서 내가 탄 뱃전을 두드리는 작은 파도는 늘 있기 마련이다. 때론 내 인생이라 불리는 작은 조각배를 무참히 날려버릴 무서운 기세로 큰 파도가 달려들기도 한다. 실제로 뒤엎어 버릴 때도 있다.
　질병이 나를 절망의 구렁텅이에 밀어 넣을 때가 있고, 돈이 나를 비참하게 만들 때가 있다. 친구의 배신이 있고, 사업이 속이고, 자식이 가슴을 멍들게 한다. 이렇듯 삶이 우리를 처참히 속일 때가 많고 이로 인해 우리는 불안과 분노와 미움의 옥에 갇힐 때가 한두 번이 아니다.
　뒤집힌 내 인생의 배 앞에 서서 깨어진 뱃조각을 손에 들고 우리는 무엇을 생각해야 하는가? 땅을 치며 통곡해야 할까? 후회의 한숨이라도 몰아쉬어야 할까? 그것이 아니면 누군가를 원망하며 한평생 살아야 한단 말인가.

　인생을 살다 보면 건강의 줄이 툭 하고 끊어질 때가 있다. 사업의 줄이 툭 끊어지고, 인간관계의 줄이 끊어지고 뒤틀릴 때가 있다. 이럴 때 우리는 도대체 어떻게 해야 하는가. 그러나 단 한 줄이 남아도 우리는 우리에게 맡겨진 인생의 곡을 마저 연주해야 한다. 그것이 예배적 삶이기 때문이다. 물론 줄이 다 있을 때와 그 연주가 같지는 않을 것이다. 그러나 비록 좀 부족해도 우리가 우리의 남은 인생의 노래를 아름답게 연주해 낼 수 있다면 또 해야 한다. 그것은 우리에겐 우리를 도우시는 하나님이 계시기 때문이다.

투병은 영적 전쟁

1996년 11월 30일, 사직서를 제출하고 책상을 정리했다. 취재 수첩을 주섬주섬 보자기에 싸 들었다. 빨간 보자기가 사약처럼 묵직했다. 사망은 절망과 자기 분노라는 독소를 뿜어, 먼저 내 영혼의 지배를 시도한다. 병마(病魔)는 혼자 오지 않는다. 자기보다 더 파괴적인 일행을 여럿 대동하고 온다. 절망, 좌절, 염려, 외로움과 고독, 실족….

절망의 독소는 희망을 마비시키고, 사망에 이르는 대로를 확장하고 나를 손짓하여 불렀다. 정작 숨통을 조이는 것은 병마의 손이 아니라 곰팡이처럼 소리 없이 번져가는 마(魔)의 일행이 뿜어내는 독소였다. 절망과 싸워 이기는 것이 곧 병과 싸워 이기는 것이다. 따라서 투병의 본성은 의학에 의존한 전투라기보다는 오히려 영적 전쟁이라 할 수 있다. 영적 전쟁에 지고 나면 전투에 나설 맥도 풀리고 말기 때문이다.

예수는 물으신다. "네가 낫고자 하느냐?"(요한복음 5:6) 낫고자 하는 자는 영적 전신갑주를 입어야 한다. 그리고 소망의 깃발을 높이 들라! 설령 희망이 없다는 말을 들어도 그럴수록 소망을 품고 병든 몸이 깨끗이 치유되는 상상을 하며 기도하면 기적이 일어난다.

어느 날 의사가 내게 설명했다. "간 수치가 올라간다는 것은 그만큼 간세포가 파괴되고 있다는 말입니다. 세포가 파괴되면 그 자리는 섬유결절로 딱딱하게 변하고, 한 번 딱딱해진 세포는 다시 회복되지 않습니다. 간경화의 마지막은 죽음이지요. 이제 제가 환자분께 해드릴 수 있는 일은 경화의 속도를 늦추는 일뿐입니다."

그의 말은 일종의 사망선고였다. 그러나 나는 생각했다. '내 혈관 속에는 하나님이 주신 소망이 가득 흐르고 있다. 그리고 소망은 섬유결절도 말랑말랑한 세포로 만들어 놓을 것이다.'

소망은 기적을 일으켰다.

이식 수술을 하던 날, 의사인 처남이 수술실에 들러 적출해 낸 내 간을 보았다고 한다. 그리고 깜짝 놀랐다고 한다. 누렇고 퍼런 기가 감도는, 울퉁불퉁하고 거북등처럼 딱딱해 보이는 한 줌밖에 안 되는 간을 가지고 몇 년을 어떻게 버틸 수 있었는지 의아심마저 들었단다. 소망은 현상을 뒤집을 수 있고, 소망은 환경을 역전시킨다. 오직 믿음 안에서만 기적을 경험할 수 있다. 그것이 우리가 소망의 줄을 굳게 잡아야 하는 이유다.

찬양의 신비

소망 없이 전투를 치러야 하는 병사에게 하루 해는 너무나 길다. 소망이 없어 또한 나른하다. 소망을 잃고 적진 앞에서 퇴각하는 병사를 아내의 찬양 소리가 깨운다. 영혼을 질식시키려는 죽음과 어둠의 권세와의 전투를 독려하는 나팔 소리처럼 찬양은 빛과 생명언어의 기치를 높이 들게 한다.

지칠 대로 지쳐 마룻바닥에 누워 뒹굴고 있는 나에게 찬송 소리는 내 영혼을 비수처럼 찌르고 들어온다. 찬송이 세상 노래와 다른 이유다. 가슴이 무너지고, 내 존재가 무너진다. 은혜 앞에 무너진다. 은혜로 가슴이 뭉클거리고 나면 원천을 알 수 없는 묘한 힘이 생긴다. 지쳐 늘어진 몸에도, 맑고 흐트러진 영혼의 못에도 힘이 모인다. 그 힘으로 또 하루를 산다. 여기에 찬양의 신비가 있다.

찬양의 신비를 알고 난 후 나는 아내의 찬양을 격려하는 애청자가 되었다. 찬양은 고난의 길을 가는 우리의 동반자가 되어 주었다. 찬양이 고난받는 자의 삶에서 차지하는 의미를 고난에 처한 자가 아니고서야 어찌 알겠는가? 나는 그 깊은 의미를 말할 수 없어도 알고 있다. 언제일지 모르지만 이 고난이 반드시 끝날 것을 믿기에 고난이 끝나는 아름다운 그날, 우리는 그 고통스런 순간들을 찬양의 열매로 남기고 싶은 마음을 갖게 되었다. 우리가 걸었던 길, 찬양의 손을 잡고 함께 걸었던 길…그 길을 열매로 거두어 하나님께 드리고 싶었다. 하나님은 어느 순간 그런 비전을 우리 가슴에 심어 주셨다.

편안과 평안

 좋은 음식, 좋은 차, 편히 쉴 집, 두툼한 지갑은 우리에게 '편안'을 제공한다. 그러나 '편안지수'가 높아진다고 '평안지수'까지 올라가지는 않는다. 끝없이 편안을 추구하는 현대인일수록 허전함과 공허감의 동굴은 더 깊고 어둡다. "홍수 난 데 마실 물 없다"는 말이 있다. 편안은 홍수처럼 범람해도, 평안은 표주박 물 한 모금 구하기 어렵다.
 평안은 질병, 분노, 미움, 사망권세, 음란, 유혹 등 어둠의 권세와의 치열한 영적 전투에서 승리한 뒤에 주어지는 영적 쾌감이다. 편안의 근원은 '일상의 행복'이라는 샘이지만, 평안의 기원은 영적이며 신적이다. 그리스도인이 고난을 기꺼이 받아들이고 이겨야 하는 이유가 여기에 있다. 고난의 극복 뒤에는 하나님이 주시는 평안이 나를 감싸기 때문이다.

위대한 신앙 유산 – 고난에 당당히 맞서라

투병은 우리의 영과 육을 쉽게 지치게 한다. 그래서 지금껏 굳게 거머쥔 한 가닥 소망의 밧줄을 놓고 싶어질 때가 많다. 이 줄만 놓으면 극심한 투병의 고통은 아침 안개처럼 사라질 것이라는 달콤한 유혹이 귓가에 스며든다.

'자, 손을 놓아. 놓으라구!'

이 유혹의 소리는 누구의 홀림인가?

눈을 감아본다. 지금까지 죽음과 일진일퇴를 거듭해 온 전장은 광활하다. 어지럽게 흩어진 지난 싸움의 흔적들이 그 격렬함을 말해 준다. 1차 균혈증, 2차 간성혼수, 3차 제대(배꼽) 탈출 및 파열로 인한 복수 유출. 이것이 1999년 9월부터 석 달간 치른 대회전이다.

이런 죽음의 필살기를 버틴 사람은 드물었다. 그러나 나는 매번 죽음의 일격을 면도날만큼 날카로운 차이로 피해 왔다. 가까스로 목숨은 부지했으나 성큼성큼 내지르는 죽음의 공세에 패퇴를 거듭해 왔다. 지평선 너머로부터 서푼서푼 진동걸음 소리가 들리는 듯하다. 저승의 사자 일행이 생명을 훔치러 오는 소리인가? 다가올 4차전의 공세를 생각하면 벌써부터 치가 떨리고 엄두가 나지 않는다.

그러나 나는 다시 투병의 칼을 잡고 일어나야 한다. 죽음이 나를 마지막으로 덮치는 현장을 가족이 속수무책 지켜보도록 해서는 안 된다. 그들이 겪은 고통과 좌절은 이미 충분하다. 승리의 기쁨으로 저들의 수고와 고통을 보상해 주어야 한다. 죽음이 믿음을 야유하도록 놓아두어서도 안 된다. 죽는 순간까지 칼을 버리지 않는 장수처럼, 아내와 아이들을 위해서라도 다시 칼을 쥐어야 한다. 그들은 가족이라는 이름으로 내 싸움에 기꺼이 동참해 주었다. 끈질긴 기도와 따뜻한 격려, 헌신적인 간호로 나의 칼을 든 팔에 힘을 보탰다. 모세를 버텨준 아론과 훌처럼.

때론 그들의 한숨도, 눈물도, 낙담도, 풀 죽은 모습도 내겐 힘이 되었다. 그것들은 싸움의 기복에 대한 정보이고 내가 택해야 할 다음 전투의 지침이었다. 나는 맹렬히 싸워야 했다. 그들에게 믿음을 해석해 주기 위해서-우리의 자원이 고갈된 바로 그 자리에서부터 하나님이 역사를 시작하신다는 것을!

이를 악물고 싸워야 한다. 그리고 승리해야 한다. 믿음으로, 하나님의 이름으로, 기도로, 말씀으로, 고난에 당당히 맞서는 모습을 아이들에게 보여주어야 한다. 고난은 이렇게 극복하는 것이라고 가르쳐주기 위해서…. "아이들은 부모의 등을 보고 배운다"는 말이 있지 않는가?

그렇게 하여 저들도 고난을 당했을 때, 고난을 어떻게 대처해야 하는 것인가를 가르치는 것이다. 고난 앞에 쉽게 주저앉는 것도, 고난을 피해 도망가는 것도 내가 보여줄 모습이 아니다. 내가 회피하면 자녀들도 회피한다. 오직 주 예수의 이름으로, 믿음의 칼을 높이 거머쥐고 온 힘을 모아 어둠의 세력에 맞서자. 죽을 때 죽더라도….

    이것만이 내가 아이들에게 물려줄 위대한 유산이다. 돈보다 더 값진 신앙 유산이다. 가족이 고난을 함께 맞이한 그 공간에서 고난을 뚫고 지나가는 모습을 통해서만 위대한 신앙 유산은 전수된다.

* 진동걸음: 바쁘거나 급해서 몹시 서두르며 걷는 걸음

내일의 희망이 없는 사람이
오늘 무슨 힘으로 살아갈까

　지칠 대로 지친 몸뚱이를 끌고 하루를 살아가는 것은 퍽이나 고달프고 괴로운 일이다. 육신의 괴로움도 괴로움이지만, 떠내려가는 생명을 빤히 보면서도 붙잡지 못하는 허탈감이란 이루 말할 수가 없다.
　생명이 찰랑거리는 물결을 타고 한들한들 저만치 흘러간다. 팔을 뻗어 잡으려 해도 그것은 히죽대며 놀리듯 달아나고 만다.
　허탈! 이것이 불치병 환자가 겪는 심리적 파산인가?
　'허탈'이라는 말로 내 마음의 심연에 있는 괴로움을 다 그릴 수는 없다. 죽지 않고 하루를 살았으니 감사할 일이지만 꺼져 가는 생명을 속수무책 지켜보는 마음이란 차라리 분노스럽기까지 하다.
　그러나 온종일 감사와 분노가 길고 써는 물처럼 드나드는 역설이 나의 거부할 수 없는 삶의 현장이다. 무표정하게 흘러가는 시간을 붙들어 맬 수만 있다면…. 이럴 때면 복수로 불러오른 배를 움켜쥐고라도 한바탕 뒹굴며 통곡하고 싶은 심정이다.
　그 누가 알랴, 이 허망함을!

허망함을 이기지 못하는 나는 하루 중 잠자는 시간이 제일 좋다. 도피의 동굴 속 잠은 달다. 아침이 오는 것이 오히려 두렵다. 하지만 밤은 발 빠른 걸음으로 달려가 버린다. 그럼에도 정작 아침이 되면 나는 가장 먼저 감사의 기도를 드린다. 오늘 또 하루 생명을 허락해 주신 것을. 두려운 아침을 감사하며 받는다. 역설이지만 어쩔 수 없다. 역설이 내 현실이기 때문이다. 현실은 잔혹하다.

아침은 내게 괴로움의 시작이며, 감사의 출발이다. 그러나 이러한 역설 속에서 나는 강력한 소망의 기치를 높이 걸고 산다. 오늘 아직 살아 있는 나에게 하나님께서 무슨 일을 하시려나! 오늘이 바로 그 기적의 날이 될지 모른다. 이 거룩한 기대와 소망이 내일의 희망이 없는 사람에게 오늘 살아갈 힘을 준다.

누가 알랴, 이 절망 중에 품는 소망의 기쁨을!

사람은 40일을 먹지 않고도 살 수 있고, 3일 동안 물을 마시지 않아도 살 수 있고, 8분 동안 숨을 쉬지 않아도 살 수 있지만 소망 없이는 단 1초도 살 수 없다고 한다.

불치병-이것은 세상에 살 방법이 없다는 판결이다. 내게 내일은 서글프다. 서글픈 내일은 오늘 살 힘을 빼앗는다. 오늘 절망은 깊다. 절망이 희망을 야유한다. 아니, 내게는 절망이 야유할 희망의 부스러기조차 없다. 이 땅에서의 희망은 그쳤다. 불치병!

땅의 희망은 그쳤으나 하늘 소망까지 마른 것은 아니었다. 내겐 천국과 영생의 약속이 있다. 세상에는 산 자와 죽은 자가 혼재한다. 산 것 같으나 죽은 자, 죽었다 하나 산 자. 내겐 산 자와 죽은 자의 경계선이 상식적이지도 획일적이지도 않다. 무덤에 있다고 다 죽은 자가 아니며, 숨 쉬는 자라고 다 산 자는 아니다.

불치병 선고를 받은 나는 죽은 자다. 그러나 하늘의 약속을 가진 나는 산 자다. 나는 '바람'(願)으로 살아 있다. 절망의 황무지 위에 바람이 분다. 소망의 씨앗이 뿌려지고 새로운 싹이 돋는다. 새 소망은 절망의 야유를 극복한다. 내일은 소망이다. 내일을 살기 위해 오늘을 살아야 한다. 그것이 이 순간 내가 병과 싸우는 이유이다.

소망을 위해! 내일 병원 담장을 나서고자 하는 소망, 아내와 아이들과 산보할 소망, 내 손으로 차를 운전할 소망, 그리고 예배 가운데 하나님을 선포하며 설 소망을 위해!

소망을 사라

바벨론 군대의 말발굽 앞에 조국의 운명이 풍전등화(風前燈火)와 같을 때 바벨론에 항복할 것을 외치던 예레미야는 매국노로 몰려 정치범 감옥에 갇히고 만다. 이렇게 곤고한 상황에 처한 그가 매우 엉뚱한 짓을 한다. 고향 땅 아나돗에 땅을 사둔 것이다. 전쟁의 와중에 부동산에 투자를 한 것이다(예레미야 32장).

있는 땅도 팔아 환전을 해두어야 할 전시에 도리어 부동산에 투자를 하다니⋯. 분명 납득이 가지 않는다. 그러나 예레미야가 이렇게 한 데는 이유가 있었다. 여호와 하나님께서 이스라엘 땅을 반드시 회복시키실 것을 약속하셨기 때문이었다. 그는 하나님을 신뢰했다. 그리고 미래를 사둔 것이다. 소망을 사둔 것이다. 하나님의 약속을 믿고 소망을 사는 것, 그것은 인생의 가장 값진 투자임을 보여주는 사건이다.

하늘 리포터

　퇴사하던 날, 선후배 동료들이 환송식을 열어주었다. 식사 후 한 후배가 행운의 금열쇠를 선물로 주면서 퇴임의 변을 부탁했다. 퇴임의 말을 청하는 측이나 작별의 말을 남겨야 하는 나나 내심 어색하고 민망한 자리였다. 착잡한 마음에서 우러나올 말이 무엇이며, 이 마당에 듣는 이의 귀가 즐거울 언사가 어디 있겠는가? 인생이란 다 그런 것, 먼저 가고 나중 가는 것뿐일 텐데…. 나는 그동안 기자로서의 보람과 그들이 내게 아낌없이 나누어 주었던 정에 감사하다는 평범한 인사를 남기고 자리에 앉았다. 이어 아내에게도 한마디 해달라는 요청을 하자 아내는 행운의 열쇠를 들고 일어났다.
　"우리 남편은 병들어 낙오자가 되어 떠나는 것이 아닙니다. 우리 남편은 절대 죽지 않을 것이니 너무 동정하는 눈으로 보지 마세요. 김성복 씨는 지금껏 이 세상 일을 취재해서 보도하는 일을 하였지만, 이제부터는 하늘 복음을 보도하는 일을 하러 가는 것입니다. 지금까지는 땅의 기자였다면, 이제부터는 하늘의 리포터가 될 것입니다."

장내는 일순간 숙연해졌다. '무슨 배짱으로 저런 호언장담을 하는가' 하는 분위기도 느껴졌다.

집으로 돌아오는 길에 아내에게 말했다. "난 바보같이 말했는데 당신은 어쩜 그렇게 말을 잘해?" "예수 믿는 사람들이 초라해 보이는 것이 싫었어요. 또 하나님은 그분의 귀에 들린 대로 이루어지게 하신다는 말씀이 있잖아요"(민수기 14:28). 아내는 믿음의 말의 위력을 믿고 있었다.

퇴직 후 서울신학대학원 입시에 합격했다. 그러나 개학 전 복수가 차올라 배가 임산부 배처럼…눈에 띄게 부풀었다. 휴학계를 제출하고 휴학 중 나는 힘든 몸을 이끌고 교회 봉사를 시작했다. 일산으로 이사와 가까운 개척교회에 등록하고 어린이와 주부를 위한 영어 클래스를 열었다. 그것은 그곳에 교회가 있다는 것을 알리기 위해서였다. 그렇게 7개월, 제법 교회를 찾는 발길이 늘어났다. 더불어 나의 복수도 조금씩 늘어나고 있었다.

1997년 7월 중순, 이제 한 달 후면 2학기가 시작되는 시기였다. 나의 병세로 보아 2학기도 계속 휴학할 수밖에 없을 듯했다. 그런데 기적이 일어났다. 그렇게 차오르던 복수가 개학을 며칠 앞두고 놀랍게 줄어들었다. 이뇨제를 반 알 늘렸을 뿐인데 복수가 쭉쭉 빠지기 시작했다. 환호성이 터져 나왔다. 당장 복학 서류를 제출하고 일산에서 부천까지 손수 운전하며 통학했다. 나이들어 다시 맛보는 '공부 맛'이 어찌 좋던지 나는 자주 밤늦게까지 무리했다.

그것이 화근이 되어 마지막 기말시험 답안지를 제출하고 귀가한 12월 8일 다시 쓰러지고 말았다. 회복의 기미가 없어 휴학을 하고, 결국 자퇴까지 했다. 허탈했다. "하나님, 정말 하나님이 계신다면 이러실 수 있습니까?"

왕따는 없다

　1998년, 온 나라가 IMF의 충격에 빠져들고, 병세는 점점 악화되면서 나는 어두운 사망의 늪 속으로 빨려 들어가고 있었다. 투병의 짐은 무거워 절망의 늪 속으로의 침몰은 가속이 붙고, 절망은 하늘에 잇댄 소망의 줄을 한 줄 한 줄 끊어 나갔다. 무서운 추락이 시작되었다.
　'하나님은 정말 살아 계시는 거야?' 의심의 마귀는 하나님으로부터 나를 점점 멀어지게 했다. 하나님으로부터의 이격은 곧 불안으로 이어졌다. 하나님의 존재 여부를 묻는 나는 심한 불안에 빠지고, 그 불안은 가족에게 전염되었다. 아내는 물음표만 던지는 나를 답답해했고, 아이들은 어두운 표정으로 반응했다.
　태양이 작열하는 사막의 한복판에 서 있는 목마른 인간처럼, 우리 가족은 질식사할 것만 같았다. 고난이 우리의 숨통을 더욱 조르는 것은 그 고난의 끝이 어딘지 모른다는 사실 때문이다. 그러나 환난은 반드시 지나고 끝은 오고 만다. 우리를 떨게 만드는 것은 고난의 유라굴로가 불어치는 기간도, 그 세력도 아니다. 그것은 '나만이 예수님의 은혜에서 배제당하지 않았는가?' 하는 '왕따 의식'이 아닐까.

그러나 인생의 항로에서 예수님을 자기 배의 사공으로 모시고 사는 사람은 예수님의 선하신 성품을 잘 안다. 예수님은 우리를 결코 왕따시키시는 분이 아니라는 것을. 주님은 말씀하신다.

"내게 오는 자는 내가 결코 내쫓지 아니하리라"(요한복음 6:37).

물과의 전쟁

물, 물, 물…. 복수가 차는 환자에게 내려지는 의사의 엄명이 있다. 두 가지 금기가 있는데 바로 물과 소금이다. 그런데 금하는 것은 더 하고 싶다. 그것이 인간의 욕정인가? 이상한 일이다. 그러나 세상에 이상한 일이 어디 한두 가지랴. 물 섭취가 제한된 사람에게 세상은 온통 물로 출렁여 보인다.

하늘과 땅과 사람이 모두 물이다. 갈증의 욕구를 잊기 위해 성경을 펼쳐 드니 천지창조 이야기 중 물에 관한 언급이 대단하다. 하나님이 천지를 지으실 때, 지구를 품고 있는 거대한 물덩어리 사이를 쩍 벌리시더니 바깥층은 높이 밀어 올리시고, 안층은 땅에 달라붙게 하여 낮은 곳에 모으시니 그것이 바다라. 바깥층과 안층의 공간을 하늘이라 하시고 거기에 물조각 몇 개를 던져 놓으시니 날마다 하늘 경주를 벌이는 구름들이라. 흰구름, 먹구름, 뭉게구름, 새털구름, 비늘구름, 햇무리구름, 높층구름, 양떼구름, 안개구름, 소나기구름…. 모양과 색채도 다양한 구름들이 때를 따라, 경우를 따라 각기

제 얼굴을 드러낸다.

  땅 위 인간을 지으실 땐, 흙으로 몸을 빚으시고 그 코에 후- 생기를 불어넣으시니 곧 그것이 영혼이다. 그리고 흙으로 빚으신 몸에 70%가 넘는 물을 넣어 두셨다.

  물을 입에 물고 푸- 뿜으시니 자디잘게 쪼개진 물방울이 안개처럼 분사되고 거기에 햇빛 조명을 비추시니 일곱 빛깔 무지개라. 뜨거운 햇볕으로 땅에서 빨아올린 공중의 구름을 다시 비로도 뿌리시고 눈으로도 뭉쳐 던지신다. 물방울이 모여 돌 틈을 달리게도 하시고, 계곡을 뛰어내리게도 하시며 강을 지어 거만하고 도도하게 흘려보내시다 마침내 큰 바다에 차곡차곡 쌓으신다.

  물 없는 우주는 상상 불가다. 신체의 70퍼센트를 차지하고, 나무 줄기 속에도 물이 흐른다. 땅 속에도, 땅 위에도 강을 이루며 흐른다. 눈도 구름도 물의 변형이다. 팽팽한 화초의 원천도 물의 힘이다. 노아의 홍수는 윗물과 아랫물의 터침이다. 성경책이 축축히 물에 젖어 보일 정도다. 성경책을 들어 털면 물이 폭포처럼 곧 쏟아질 것만 같다. 물, 물, 물…사방이 물인데 물에 접근을 금지당했다. 갈증은 고문이다. 고문을 당하느니 차라리 물고문을 당하고 싶다.

  이글이글 달궈진 사막에 던져진 사람처럼 목마름이 하늘에 닿는다. 통터지는 갈증-복수 환자들의 고통이다. 복수와 갈증은 정비례로 폭발한다. 악순환이다. 맹렬한 갈증 앞에 눈에 띄는 것은 물뿐이다. 유통매장에도, 시장에도, TV 광고에도 세상은 물의 천국이다. 형형색색의 음료수가 갈증의 뇌관에 불을 놓는다. 폭염, 열대야, 맹하를 조롱하듯 맹렬히 청량음료를 들이키는 광고는 차라리 고문에 가깝다. 생수병을 들고 마시는 사람을 뒤돌아보게 된다. 부럽기 짝이 없다.

필사적으로 물을 피해야 한다. 국물을 먹을 수 없으니 식사 때도 수저는 필요 없다. 수년을 젓가락만 사용했다. 그래도 복수는 늘어만 간다. 알 수 없는 노릇이다. 차후에 깨닫게 된 일이지만 밥, 찐 감자, 군고구마, 야채, 과일 등 모두 물을 포함하지 않은 것이 없다. 생감자를 갈아 즙을 내어 보았다. 찻잔으로 반 잔이 나온다. 이런데 어떻게 물을 금한단 말인가. 허탈하다.

수박-물을 상징하는 열매에 애증의 사연이 있다. 불그레하고 달짝지근하고 사근사근한 과육. 한 입 베어 물면 미각의 마른 신경망을 타고 전율처럼 전신에 퍼져가는 그 맛은 황홀하기까지 하다. 건강하던 시절엔 이런 맛을 몰랐다. 감사를 모르고 사는 일이 너무 많다. 미각에 도취되어 수박을 먹다가는 고통을 감내할 수밖에 없다. 먹기엔 달아도 먹고 나면 몸에 쓰다. 수박은 이뇨에 도움이 된다 하나 복수 환자에겐 독이다. 수박을 한 입 베어먹다가도 이를 악물고 내려놓아야 한다. '안 돼!'

물, 물, 물. 욕구불만은 상상력을 자극한다. 복수로 만삭된 배를 움켜쥐고 뒹굴다 목줄이 타오르면 나는 공상의 나래를 펴고 폭포계곡으로 여행을 떠난다. 싱그럽도록 푸르른 여름, 온 산이 녹음으로 가득한 한적한 곳, 수정처럼 맑고 얼음같이 차가운 심산계곡의 개울물이 아우성을 지르며 달려 내려오는 곳, 나는 그곳에 발을 담그고 앉는다. 시리도록 찬 기운이 발끝으로부터 리트머스 페이퍼처럼 온몸을 물들이며 머리까지 타고 오른다.

  이 자연의 기운, 바로 하나님이 지으신 이 기운이 온몸을 감싸고 돌다가 이 몸의 병을 뿌리째 뽑아 들고 계곡을 타고 내려오는 여름 산들바람에 실려 저 멀리멀리 날아가 버렸으면…. 흐르는 물은 촉각만을 간질이는 것이 아니라 나의 청각까지도 상쾌하게 한다. 작은 바위들을 부딪히며 때로는 느리게, 때로는 빠르게 졸졸 좔좔 달려 내려가는 물소리가 자연의 화음이 되어 정신을 안온케 한다. 흐르는 물 위에 정자를 짓는다. 수박, 참외, 자두, 수정과, 식혜를 한아름 물에 담궈 놓고 배가 터져라 먹고 마셔댄다. 그러다 화들짝 몽롱한 공상에서 깨어나면 눈앞에 버티고 있는 삭막한 현실에 '후-' 긴 한숨만 나온다. 그래도 소망을 갖자. 머지않아 배가 터져라 시원한 생수를 마실 수 있는 꿈은 이루어지리라! 그날은 물맛을 만끽하리라.

* 통터지다: 여럿이 한꺼번에 쏟아져 나오다

소금과의 전쟁

물과의 전쟁 못지않게 고통스러운 일은 소금과의 전쟁이다. 성인의 하루 소금 섭취량은 1g이면 족하다고 한다. 1g은 야채의 자연 함유량이다. 체내 염분 1g은 물 200g을 붙들고 있단다. 따라서 간경변 환자는 저염식 내지 무염식만이 살길이다. 미역은 고염분 식품으로 일일 염분 허용치를 넘는다. 김치도 안 되고 된장국도 안 된다. 양념된 어떤 음식도 금기다. 5년을 넘게 김치를 외면하고 살았다. 정히 먹고 싶으면 '특별한 싱건 김치'를 담구어 먹었다. 열무를 생수에 담근 김치다. 숨이 죽지 않은 열무는 며칠이 지나도 기운이 살아 있는 게처럼 펄펄하다.

간(肝)에 유익하면서 소금 없는 맨삶이 음식을 먹어야 했다. 살짝 데친 버섯이나 생더덕, 생두부, 쌈장 없는 상추쌈 등 밍밍한 음식에 쉽게 길들여지지 않았다. 무염식을 익히는 데 2년이 걸렸다. 훈련은 잔혹했다. 하루 세 끼 식사 시간이 돌아오는 것이 차라리 공포다. 한 술 한 술이 고역이다. 욱욱거리며 욕지기를 하느니 차라리 식사를 거르는 편이 낫다. 살이 쑥쑥 빠지기 시작했다. 하지만 체중은 늘어났다. 복수의 무게가 늘어난 것이다. 무염식을 준수한다 해도 복수가 감소되지는 않지만, 무염식을 어기면 차오르는 복수를 감당할 길이 없다.

무염식은 미각에 대한 도전이고 극기의 테스트다. 무염식은 입안의 싸움이다. 혀끝에서 목구멍까지의 싸움이다. 4~5cm의 통과가 대학입시보다 어렵다. 알근한 풋고추를 씹어 미각점을 마비시키는 것이 유일한 구원이었다. 알땀 맺히는 고추의 자극성이 건강에 해가 된다 해도 어쩔 방도가 없다. 식도락이나 미식가는 사치며 허영이다.

무염식단, 차라리 저주라 부르는 편이 낫다. 그 고통은 환자만의 것이 아니다. 무염 식단을 준비해야 하는 아내의 고통도 다 말할 수가 없다. 끼니마다, 그것도 몇 년씩 무슨 메뉴를 차려야 하는지 노이로제가 걸릴 지경이었단다. "시장에 가면 식재료들은 차고 넘치고 난 도대체 뭘 사야 하나 망설이고 있을 때, 거침없이 찬거리를 카트에 담아 넣는 여자들을 보면 눈물만 났어요."

그 한마디가 나를 멍하게 만들고 말았다. 그동안 나의 괴로움에만 집중하느라 뼈가 녹는 간호를 하는 아내와 말없이 가슴앓이를 하는 아이들 생각은 별로 한 일이 없었다. 너무나 이기적인 나를 발견하였다. 그들에게 따뜻한 위로의 말, 미안하다는 말 대신 도리어 짜증과 신경질을 부렸으니 아내는 얼마나 내가 미웠을 것이며, 아이들은 또 얼마나 내가 싫었을까. 차라리 없는 편이 낫다고 생각하진 않았을까?

내가 간 없는 음식을 먹어야 하기에 식구들도 덩달아 구역질 나는 무염식을 먹어야 할 때가 많았다. 그래도 맛있다고 후적후적 먹어주던 큰아들 영준이와 작은아들 현준이가 고맙고 감사할 뿐이다.

  난 이제 생선회와 같은 날것을 제외하고는 어떤 음식이든 잘 먹는다. 정말 먹고 싶은 음식을 마음대로 먹을 수 있다는 것이 얼마나 감사한 일인지 건강할 때는 알지 못한다. 음식이 없어 못 먹는 것도 불행이지만, 음식이 눈앞에 가득한데도 먹지 못하는 것도 큰 고통이다. 음식뿐만 아니라 일상생활에서 우리가 무심결에 전혀 느끼지 못하는 것들이 다 감사할 제목이라는 것을, 건강을 잃고 나면 뼈저리게 느끼게 된다. 물과 소금과의 전쟁 중에도 나는 소망을 품고 감사를 배운다.

* 맨삶이: 고기나 생선을 간하지 않고 푹 삶거나 데침. 또는 그렇게 만든 음식

상처받은 마음의 치유

간질환 환자의 특성 중 하나가 건듯하면 찜부럭 내는 것이다. 하루는 어쩌다 초등학교 4학년 때의 큰아이 일기장을 들추어보게 되었다. 뒤적뒤적 일기장을 넘기다 나는 어느 날의 일기에 얼어붙고 말았다.

"아침에 아빠가 외출하신다고 했는데 학교 갔다 와보니 아빠가 집에 계셨다. 그래서 나는 싫었다. 요새 아빠는 너무 화만 내신다."

현기증이 났다. 큰아이가 중학생이 된 후 어느 날, 하루는 아이를 데리고 야외로 나갔다. 양수리 물가 한 곳에 자리를 잡고 시원한 풍광을 바라보며 아이에게 조심스레 물었다.

"영준이는 아빠에게서 어떤 인상을 갖고 있니?"

아무 말이 없다. 나는 아이에게 내가 나의 아버지에 대해 갖고 있던 기억을 먼저 말해주었다.

"할아버지 하면 한 번도 아빠를 야단쳐 본 적이 없는 그런 분으로 추억이 되는데, 너는 아빠 하면 그 인상이 정반대겠지…그렇지?"

여전히 대답이 없다.

"아빠는 네게 그런 인상을 남겨 주게 되었다는 것이 너무나 후회스럽고 못나 보인다. 아빠가 아파서 네게 말할 수 없이 힘든 고통을 주고, 괜스레 짜증내고 따듯하게 대해주지 못해 미안하다. 아빠도 가슴이 찢어진다. 어떻게 하면 네 상처를 씻어줄 수 있겠니? 아픈 추억들은 힘껏 지워주길 바란다."

대답 대신 아이의 눈에서 눈물이 뚝 하고 땅에 떨어진다. 흙에 떨어진 아이의 눈물이 빚어낸 자국을 바라보다 내 눈에서도 눈물이 뚝뚝 떨어진다. 아이가 눈물 사이로 말을 한다.

"아빠, 전 괜찮아요. 아빠가 건강하시기만 바래요."

변성기를 통과하는 아이의 목소리가 굵직하다. 나는 아이의 얼굴을 바라보며 부끄러운 줄 모르고 한참이나 주룩주룩 눈물을 흘리고 있었다.

내가 투병하느라 한참 공부할 때 뒷바라지도 잘 해주지 못해 대입 준비를 앞두고 부족한 공부가 많아 힘들어하기도 했다. 하지만 아이는 감사를 잊지 않고 살았다. 수능 시험 치러 가는 이른 아침, 서둘러 나서는 아들에게 엄마가 그동안 힘껏 뒷바라지 못 해 준 것이 마음에 걸려 차 타는 곳까지 따라 나오며 눈물을 보이자 아이가 오히려 엄마를 위로했다.

"엄마, 이대로도 감사해요. 그동안 수고 많으셨어요. 시험 잘 치고 올게요."

건강을 회복한 후 아이들의 상처를 싸매느라 많은 노력을 기울였다. 다행히 아이들이 한결 밝아지고 건강해졌다. 말수가 적은 작은 아이 현준이와는 몇 달 동안 매주 영화 구경을 다니며 함께 해주지 못했던 공백을 메웠다.

  지금 두 아이 다 하나님의 은혜로 나의 투병으로 겪었던 마음의 고통과 상처를 많이 씻어낸 것 같다. 특히 큰아이는 초등학교 2학년 때부터 입버릇처럼 말해 오던 신학교에 진학했다. 아빠가 힘들게 신학 공부를 한 것과 목사의 삶이 많은 자기 절제를 필요로 한다는 것을 보면서도 목회자의 길을 택해 장신대에 입학한 것이다.

투병의 한복판에서 입학한 장신대 신대원

서울신대원을 자퇴하고 믿음이 추락하던 기간, 어느 날 아내가 설교가 좋다고 한소망교회를 강력 추천한다. 눈에 띄지 않게 다닌다는 조건을 걸고 억지로 따라나섰다. 첫날 설교부터 하나님의 말씀이 내 갈한 영혼 속에서 운동을 시작했다. 두 달 동안 '조용히' 다녔다. 그런데 아내는 이미 담임목사님과 개인 면담까지 해가며 우리의 곤고한 사정을 다 알려둔 상황이었다. 나는 교회에 등록할 때까지 그런 사실을 까맣게 모르고 있었다.

이때 나에게는 신학을 다시 시작해야 한다는 어떤 사명감이 있었다. 그리고 이런저런 기회로 만난 여러 목사님께서 이구동성 하나님의 부르심에 민감하라고 하시면서 신학 공부를 재개할 것을 권하던 차였다. 장신대 신대원 입시 준비를 시작했다. 이 시기에는 복수로 터질 듯한 배가 무거워 누워서 공부했다. 합격! 전적으로 하나님의 은혜였다.

1999년도 입학시험은 출제 경향이 다른 해와 상당히 달랐다고 한다. 성경과 영어, 논술이 모두 내게 익숙한 경향으로 출제되었던 것이다. 하나님이 나 한 사람을 위해 1999년도 입시 경향을 바꾸신 것처럼 여겨졌다.

1999년 첫 학기를 기숙사에서 지냈다. 병세는 날로 거칠어졌다. 나의 어려운 사정을 살펴주신 유해룡 교수님의 배려로 살얼음판을 걷듯 한 학기를 마쳤다. 그러나 여름방학 중 병세는 돌이킬 수 없도록 진전되다. 후텁지근한 맹더위와 싸우며 아내와 함께 교회 중보기도실에 올라가 날마다 부르짖으며 치유를 간구했지만 병세는 더욱 악화되었다. 기도와 환경은 역행했다.

두 가지 소리가 들려왔다. "그거 봐. 하나님은 없어!" "아니야, 구름이 태양을 가려 볼 수 없을 때에도 태양은 여전히 거기 있어!" 또다시 어떤 목소리에 귀를 기울일 것인가 내게 선택하라는 것이다.

하나님은 선(善)이다. 선밖에 모르는 선이다. 악의 불순물이 전혀 없는 선이다. 선이 인도하는 길은 선이다. 이것이 내 신앙이었다. 신앙은 신념보다 붉고 강하다.

하나님과의 대화

1999년
여름내
하나님의 침묵은 계속되었다
기도는 허공을 메아리칠 뿐이었다

"네 하나님 뭐 하셔?"
주변의 시선이 그렇게 쑥덕거렸다

"기댈 언덕을 보고 기대야지"
"내버려둬! 저 지경에 어디 믿는 구석이라도 있어야지"
그들은 금방이라도 내게 그렇게 말해주고 싶어 하는 표정들이었다

시선을 떨구고 스스로 위로했다
"기도는 한 알도 땅에 떨어지지 않을 거야"

그러면서도 스스로 달래는 목소리가 왠지 기운이 없다

계속되는
주(主)님의 건조한 침묵

물쿤 8월 끝자락에 침묵을 걷어내고
달려드는 죽음의 파죽공세
패혈증, 간성혼수, 배꼽 파열, 복수 유출
죽음이 기술을 바꿔가며 공격해 왔다

죽음의 공세는 야릇한 광경을 그림자로 지어냈다
목을 조인 '침묵자'가 길게 혀를 빼고 버둥거리는 그림자로

"거 보라구"
사람들은 자기들의 '신통력'을 몰라주는
밥통 같은 나를 두고 수군거렸다

"상황을 봐가며 예수 예수 해야지"

멀쑥해진 내가 조알거렸다.
"주님, 체면이 말이 아니게 되셨습니다"
"여름내 땀 흘려 드렸던 제 기도는 다 어디 갔나요?
가을 학기 시작 둘째 주에 입원이라니요

내일모레면 사경회인데 하필…"

침묵자가 드디어 입을 열었다
"너 불평할 조건이 참 좋구나"

아직 감사할 조건이 많은데 감사할 것은 세지 않고 쉽게 불평만 하는 나를 보게 하신다. 그래, 사람은 감사는 물에 새기고 불평은 돌에 새긴다지. 이제부터는 감사는 돌에 새기고 불평은 물에 새기자!

* 물쿠다: 날씨가 찌는 듯이 더워지다

병에 감사하는 마음

간 기증자가 생겼다는 급보를 받고 이식수술을 받기로 결단하던 날, 낮부터 검기울던 날씨는 회색 세상을 지어냈다. 마음 깊은 곳의 심정이 투영된 색깔이었다. 어둑발이 내리는 시간, 하늘은 냉기 머금은 겨울비를 뿌리고 있다. 깊어 가는 겨울, 비 내리는 저녁. 너댓 시간 전 왔던 길을 되짚어 간다. 발씨 익은 길인데도 오늘은 초행길만 같다.

'장기이식, 성공, 실패, 생명, 죽음, 어머니, 아내, 영준, 현준….'
태초의 혼돈만큼 뒤죽박죽된 머리에 잔상으로 떠도는 단어들. 지난 40년의 추억이 폭죽처럼 풀어헤쳐지면서 건강했던 시절의 장면들이 별똥처럼 쏟아진다. 어둠이 내리는 세상은 내 마음처럼 온통 검은 빛이다.

어린아이들을 꼭 안아주지 못하고 길을 나선 것이 못내 후회스럽다. 마지막 길일지도 모르는데…. 자꾸 뒤를 돌아다보았다. 눈에 길이 밟히고 마을이 밟히고 뒷산이 밟힌다. 오늘이 이 땅에서의 마지막 날은 되지 않을까….

 차창에 어른거리는 아이들의 슬픈 눈에 빗방울이 부딪혀 눈물처럼 흘렀다. 나는 그동안 내 고통, 내 고뇌, 내 영적 혼돈에 휩싸여 아이들이 겪고 있는 고뇌와 두려움은 별로 생각해 본 적이 없었다. 그들은 사랑보다 두려움을, 따뜻한 아버지의 품보다 외로움과 고독을 먼저 배웠을 것이다. 나는 내 걱정만 했다. 그들 영혼의 아픔 따위는 아랑곳하지 않은 채.

 '그래, 얘들아, 아빠가 살아 돌아오면 이제 너희들의 아픔과 고통을 먼저 생각해 줄게. 미안!'

 병상에 갇힌 후에야 사람들은 달리던 발걸음을 멈추고 인생을 회고한다. 무엇을 잡으려 이토록 앞만 보고 달려왔던가? 그래서 많은 것을 얻었는가? 설령 얻은들 무엇 하리, 이제 죽게 되었는데. 수십 년은 당연히 살 것이라 생각하면 오늘 하루를 왜 살아야 하는지, 어

찌 살아야 하는지를 묻지 않게 된다. 오늘을 묻지 않으니 사는 내내 삶의 의미를 질문하지 않는다. 오직 병상에 갇혀야 존재의 의미를 묻는 우리는 어리석기 짝이 없다. 세상에서의 달음질에 분주하다 건강이 무너지는 소리도 듣지 못했다. 쿵! 쓰러지고야 하나님의 부르심이 들렸다.

진즉 종말론적 인생관을 가지고 살았더라면 넉넉히 사랑하고 나누고 베풀었을 텐데 불치병이 들어서야 후회한다. 평소 내가 듣지 못하던 것을 하나님은 병을 통해 듣게 하신다. 그러니 병을 감사하자.

죽음을 감사하다

 죽음 앞에서는 온 세상이 깃털처럼 가벼워 보인다. 그러나 죽음으로부터 한 발치만 빠져나오면 다시 세상 근심가마리 급급해진다. 돈 걱정, 자식 걱정, 권세와 명예, 교만…. 세상은 이다지도 떼어놓을 수 없도록 끈적거린단 말인가?
 죽음 앞에서만 교만이 꺾인다. 죽음은 고래 힘줄보다 질긴 교만의 고삐를 쥐어틀 수 있는 가장 좋은 수단임을 하나님은 아시나 보다. 그래서 인간에게 죽음을 선고하신 것일까? 죄의 생산자로 인간이 영원히 산다면 세상은 지옥이 되고 만다. 감사하게도 인간은 죽는다. 그런데 죄성의 은폐에 뛰어나고 자기 미화에 탁월한 인간은 죽음에 감사하지 않는다. 혐오할 뿐이다.
 죽음은 섬뜩하리만큼 삶과 얼굴을 대면하고 있다. 죽음은 자궁에서부터 싹튼다. 삶은 죽음을 목적지로 삼고, 죽음은 삶을 동행한다. 죽음은 인간 밖에 있는 것이 아니며 인간 안에 있고 인간 삶의 핵심이다. 삶과 죽음은 별개의 세상도 아니고, 상종 못할 대립도 아니다.

죽음 없는 삶은 없고, 삶 없는 죽음도 있을 수 없다. 삶과 죽음은 서로 대화하고 서로 필요로 하는 한 덩어리다. 70수는 누릴 것 같다고 해서 삶과 죽음의 거리가 70년이라고 장담할 수는 없다. 나와 죽음 사이에는 간발의 차이만 있을 뿐이다.

이스라엘에 아하시야 왕이 있었다. 그는 다락방 난간에서 발을 헛디뎌 떨어져 부상을 입고 죽었다. 평생 죽음이 나와 멀다고 생각하기에 우리는 자주 교만하다. 죽음은 삶의 그림자이다. 죽음은 그렇게 삶의 그림자로 자신의 존재를 알리고 있다. 그러나 죽음은 경박한 속인들의 눈에 띄지 않게 감추어져 있다. 불쑥 우리 앞을 가로막고 나서야 우리는 죽음이 인생의 동반자임을 알게 된다.

죽음은 삶에 대한 사색으로만 발견된다. 죽음에 대한 새로운 발견만이 죽음이 주는 두려움을 극복하게 한다. 죽음은 공포가 아니다. 삶과 죽음의 경계선을 명확히 긋고 사는 사람에게는 죽음이 두려움이다. 경계선을 지울 줄 아는 사람만이 죽음에서 자유할 수 있다. 삶과 죽음을 한 호흡으로 마실 줄 아는 사람만이 자유하다.

죽음은 끝이 아니다. 끝이면서 시작이다. 졸업(commencement)이 끝이 아니고 새로운 시작인 것과 같다. 병실에서 자주 보고 듣는 일이 있다. 예수를 잘 믿는 사람들이 죽을 때마다 사람들은 의아해한다. 하나님을 잘 믿는데 왜 믿지 않는 사람들보다 병에 잘 걸리고 고침을 못 받고 죽느냐는 것이다.

나는 그럴 때마다 요한계시록 21장 4절의 말씀이 생각난다. "모든 눈물을 그 눈에서 닦아 주시니 다시는 사망이 없고 애통하는 것이나 곡하는 것이나 아픈 것이 다시 있지 아니하리니 처음 것들이 다 지나갔음이러라." 천국에서는 다시 아픈 것이 없다 하시니 이 땅에서는 고치지 못한 병들도 하나님은 다 고치시고 두 번 다시 앓는 일이 없다는 것이다. 병들어 죽는 것은 하나님이 고치시기 위해 데려가시는 것으로 믿는다. 그러니 죽음은 가장 확실한 치유가 아니고 무엇이랴?

이렇듯 끝이 아니고 죽음은 영원한 삶의 문을 여는 열쇠이다. 죽음을 투쟁의 대상으로 여기는 나는 누구이고 죽음을 친구로, 영생에 이르는 문으로 여기는 나는 또 누구인가? 생명의 본성은 살고자 하는 욕망이다. 본성이 꿈틀대는 곳에서 투쟁의 의지는 길어진다. 죽음을 친구로 삼아야 죽음이 열어주는 새 생명을 얻을 수 있기 때문이다. 생명의 본성을 앞세워 죽음과 싸우는 나는 대책 없는 필부(匹夫)이고, 죽음을 운명으로 받는 나는 하나님의 겸손한 경배자이다.

고독이라는 합병증

병실은 죽음과 싸우는 인간 군상들의 파노라마가 펼쳐지는 곳이다.

영양식 튜브를 코에 꽂고 간신히 생명을 연명해 가는 의식불명의 50대 환자. 고용된 간병인의 손에 맡겨진 그는 욕창으로 등과 엉치뼈 살이 괴사해 종일 모로 눕혀져 있다.

손가락과 팔, 다리 마디를 오그리며 수시로 통증을 호소하는 40대 류머티스 환자.

위암 수술을 기다리는 50대 음악인.

구호시설을 통해 들어온 위장 출혈 40대 노숙자.

혈액투석의 위기에 몰린 30대 신장병 환자.

장 출혈로 응급 입원한 80대 노인.

그리고 간경변으로 쓰러진 30대 말의 나.

나약한 인간 군상이다. 한때 힘 자랑, 건강 자랑을 했을 터이지만 이제 지푸라기보다 가벼운 존재들이다. 허약한 인생은 마음도 허전해진다. 그래서 인정(人情) 고파한다. 나이 들면 가장 먼저 걸리는 병이 고독이라고 했다. 그러나 나이가 적건 많건 병이 들면 누구에게나 합병증으로 오는 것이 또한 고독이다.

두고 온 세상을 그리며

마안한 바다의 외딴 섬
외로운 너울 찰랑 물길다

물썬 해변의 모래 한 줌
바다 머언 저쪽 흙 냄새에
뭍의 산,
풀바람이 그립다

난바다 외딴 섬
쫓겨 들어온 타향
매정 없는 뭍이 오히려 그립다

내가 다시 돌아가야 할 곳
미워도 미워할 수 없는 뭍

뭍으로 가는 물길은 하도 멀어
하늘 떠도는 구름다리에

그리움만 실어 보낸다

외딴 섬 저물녘
행여 뭍사람 올까 황새목 빼다
까치놀 노는 날은
날밤 뭍만 쳐다보인다

* 물써다: 밀려 들어왔던 바닷물이 물러 나가다
* 난바다: 육지로 둘러싸이지 않은 육지에서 멀리 떨어진 바다

건강한 사람 · 병든 사람

병실에 있노라면 병원 밖 사람들이 그렇게 부러울 수가 없다. '나도 저들 중에 있어야 하는 건데….' 몸은 병에 지치고, 마음은 외로움에 떤다.

질병이 사람들을 갈라놓는다–건강한 者와 병든 者로.

그러나 곰곰이 생각해 보면, 육신의 건강 여부도 중요하지만 인생에게 가장 중요한 것은 그들의 영혼이 건강한가, 그렇지 않는가이다. 영혼의 건강 여하가 기준이 된다면 병원의 담장이 건강한 자, 병든 자를 구분하는 경계가 되지 못한다. 병원 밖에도 병든 자가 많고, 병원 안에도 건강한 사람이 많기 때문이다.

여기서 우리가 잊어서는 안 될 중요한 사실이 있다. 주님이 다시 오시는 날, 우리 영혼의 건강이 심판의 잣대가 된다는 사실이다.

한 대형 종합병원에 걸린 진료표에는 모두 33개 과, 330여 분야에 걸쳐 담당 의사들의 이름이 나열되어 있다. 간, 담도, 뇌척수 종양,

우울증, 황반 변성, 종격동 질환, 류머티스 등 의미도 뜻도 알 수 없는 종류의 병들이 허다하다. 분야가 330여 분야라는 것이지 사람의 몸이 실제 고장 나는 가짓수로 치자면 헤아릴 수 없이 많다. 예로부터 '404병(病)'이라는 말이 있다. 오장 각부에 81가지씩 드는 병중에서 죽음이라는 병을 제외한 404가지를 일컫는 말이다.

대형 종합병원에서 치료하는 병은 전체 질병의 20퍼센트밖에 되지 못한다고 한다. 듣도 보도 못한 질병이 수두룩 많다는 말이다. 그러니 우리 몸이란 참으로 건드리면 터지고 말 풍선처럼 유약하게 느껴진다. 작은 혈관 시술을 받기만 해도 건강에 대한 자신이 없어진다. 마음이 약해지면 몸도 더욱 약해진다.

그러나 생각을 바꿔보면 한없이 강한 것이 우리의 몸이다. 우리 몸은 총 30조 개의 세포로 구성되어 있다고 한다. 이 세상에 사람의 몸처럼 이렇게 복잡하고 정밀한 구조를 지닌 기계도 없거니와 70~80년을 사용할 수 있는 튼튼한 기계 또한 드물다.

사람의 몸은 조금만 관심을 갖고 관리하면 오랫동안 작동하는 초정밀 기계인 셈이다. 이처럼 하나님께서는 우리를 '보시기에 심히 좋은 것'으로 빚으셨음에도 인간은 죄를 지음으로 그것을 감사로 받지 않았다. 그리고 마침내 '生·老·病·死'의 굴레에 빠지고서야 괴로워하고 있다.

삶과 죽음이 교차하는 곳, 생명의 시발역이요 종착역, 신생아실에서 영안실까지 곧 자궁에서 무덤까지 공존하는 곳. 생명의 탄생과 죽음이 아우성을 치며 북적대는 곳, 그곳이 바로 병원이다. 삶의 시작과 끝이 압축되어 한 화폭에 그려지는 곳.

　병원은 생명의 재판소 같기도 하다. 암 선고, '시한부 생명의 판정'-죽음이 마치 지시처럼, 명령처럼 떨어진다. 환자마다 의사의 선고 앞에 떨며 두려워한다.

　"선생님, 제발 살려주세요."

　구원을 바라는 가련한 절규가 메아리친다. 진단 결과가 투병의 힘을 더하기도 하고 아주 빼앗기도 한다. 죽음을 선고받고 나면 한 톨 남아 있는 힘마저 말라버린다. 의사의 진단은 무섭기 그지없다. 의사가 선고한 시간만큼만 살다가 죽는 사람도 있다고 한다. 병이 죽인 것이 아니라 낙담이 그를 죽인 것이다. 쇠얀 키에르케고어는 그의 책 《죽음에 이르는 병》에서 죽음에 이르는 병은 '절망'이라고 했다.

　병원이란 죽음이 처절한 현실로 그 모습을 드러내는 곳이다. 따라서 삶을 향한 아우성과 몸짓 또한 그만큼 더욱 강렬해 보인다. 죽음의 침에 쏘인 사람들의 모습에 나타난 절망의 그늘은 삶을 향한 갈망의 거짓 탈이다. 실상 그들 가슴속에서 이글대고 있는 생명의 갈구는 용암보다 뜨겁고 활화산보다 폭발력이 크다.

　나는 그것을 맞은편 침상의 위암 선고를 받은 음악인의 영혼에서 강렬하게 읽었다. 그는 아주 가벼운 위암 초기라며 태연한 척했지만 그의 영혼은 죽음의 그림자 앞에 떨고 있었다. 2~3일을 지켜보던 중, 주일 아침 불쑥 예배에 함께 갈 것을 제안했다. 밑도 끝도 없는 나의 제안에 그가 침상에서 벌떡 일어나 자석에 끌린 듯 예배실로 따라 내려왔다. 찬송가(통일) 405장 '나 같은 죄인 살리신' 찬송을 함께 부르다 그만 그는 흑흑거리고 눈물을 주체하지 못하며 울기 시작했다. 그는 군 시절 세례를 받았다고 했다. 그리고 얼마간 성가대 지휘자로 봉사하다 시험에 빠져 오랫동안 교회를 떠나 있었다고 했다.

이후 그는 깜짝 놀랄 만큼 첫사랑을 회복해 지금은 분당의 한 교회 지휘자로 섬기고 있고, 부인은 지금껏 병원 예배 도우미로 봉사 중이다. 하나님은 여러 모양으로 자기 백성을 찾으신다.

2부

투병의 꽃등

세 번의 잇단 위기 중에서 감사

첫 위기 – 균혈증

1999년 9월 초 입원 첫날, 엑스레이 촬영, 심전도 검사, 혈액검사, CT 촬영 등 판에 박힌 검사가 진행되었다. 그리고 며칠 후 간질환 환자에게는 치명적인 균혈증이 돌발했다. 첫 번째 위기였다. 억지 점심 후 칼로 쑤시는 듯한 복통으로 치딩굴내리딩굴했다. 한 무리의 의료진이 달려들었다. 진통제 투여, 혈액 채취, 수액과 항생제 주사를 연달아 주사한다. 균혈증의 원인을 캐기 위한 세균 배양 기간이 2~3일 소요된단다. 그동안 견뎌내느냐가 문제다.

주치의가 아내를 불러 말했다. "사모님, 마음의 준비를 하셔야겠습니다. 대단히 어렵습니다. 가능성이 20퍼센트도 안 됩니다."

"억장이 무너지는 절망이 흑암처럼 덮쳐왔어요. 어둠의 세력에 눌리지 않겠다고 마음을 다잡았는데도 후들거리는 무릎을 어찌할 수 없었어요."

아내는 회상한다. "에둘러 장례 준비를 하라는 주치의의 눈을 뚫어져라 쳐다보았지요. 울음보가 곧 터지려고 했어요. 그 순간 흑암 속에 한 줄기 빛이 날아들었지요. 하나님의 음성과 함께. '딸아! 내가 널 사랑한다. 두려워 말라. 무서워 말라. 죽음의 세력과 맞서거라!' 그때 난 마음속으로 놀라운 말을 하고 있었어요. '20퍼센트요? 정말이요? 그 정도면 충분해요. 제겐 0.001퍼센트만 있어도 돼요. 우리에겐 예수님이 계시니까요. 선생님, 두고 보세요. 제 남편은 꼭 살아날 것이니까요.'"

아내의 믿음과는 달리 투병의 전황은 날로 불리해졌다. 믿음에 역행하는 환경은 심각하게 믿음을 시험한다. 엉그름 간 논바닥같이 가스러진 살갗, 앙상하게 말라버린 가슴과 허벅지가 하루하루, 한 시간 한 시간 생명이 꺼져감을 똑똑히 보여준다.

날마다 늘어만 가는 복수가 나를 지독히도 괴롭혔다. 복수가 20리터쯤이나 되니 배는 만삭의 임산부만큼이나 부풀고, 배꼽은 작은 사과만큼이나 밀려나와 곧 터질 듯 붙어 있다. 한 방울 한 방울 떨어지는 링거액과 한 주먹씩의 약과 주사가 나의 사그라지는 생명을 억지로 억지로 붙잡고 있다. 마치 꺼져 가는 불씨를 후후 불며 살려보려는 아우성 같다. 생명이 풍전등화 같았다. 이러한 때, 나와 아내를 강하게 붙들어 준 것은 목사 안수에 대한 소망이었다. 그 소망이 없었던들 나는 거친 투병의 밧줄을 놓아버렸을 것이다. 그래서 예수 그리스도는 죽음에서 나를 건지신 구원자이시다.

두 번째 위기 – 간성혼수

두 번째 위기는 간성혼수와 고열로 실려 갔던 저녁 때였다. 급보를 듣고 달려온 가족들이 발을 동동 구르며 "이를 어째! 이를 어째!" 하는 소리가 귓전에 선명하게 맴돈다. 귀는 펄펄하게 살아 있는데 의식은 하늘에 퍼지는 기적소리처럼 아렴풋이 꺼져 간다. 저 앞에 한 점이 느껴졌다. 죽음의 문이다. 죽음의 문으로 미끄러지는 짧은 순간, 의식이 날아가는 그 짧은 순간에도 내 인생의 조각들이 주마등처럼 지나간다. 그리고 함께 날아드는 생각들 —어린 자식들은 푸접없는 세상 파도를 어찌 헤치며 살아갈지, 그 어린 자식들 안고 살아갈 불쌍한 아내, 마흔도 못 넘기고 죽어야 하는 이 억울함, 원통함…. 그런데 마지막 순간 죽음의 문 앞에서 파고드는 안도감이 있다. '내 자식과 아내는 하나님이 나보다 더 잘 돌보시고 키우신다. 그리고 죽는 내게는 영생의 약속이 있지! 예수 믿기를 이렇게 잘했구나!'

이때처럼 예수 믿기를 잘했다고 생각해 본 적이 없다. 예수를 왜 믿어야 하는지 이 순간 분명히 알게 되었다. 예수를 믿는 자에게 보장된 천국이 죽음의 문 앞에서 얼마나 큰 위로가 되는지 말로 다 할 수 없다. 그래서 아내가 내게 예수를 전해준 것을 가장 감사하면서 살고 있다. 이것이 예수를 전하는 자의 보람이요 복이다.

사고사를 당하지 않는 한, 누구나 한 사람도 예외 없이 나와 같이 '죽음의 한 점'에 맞서게 될 것이다. 그때 영생의 위로를 받는 사람은 복된 인생이고, 반대로 허망하고 후회스러운 마음이 드는 사람은

망한 인생일 것이다. 여기에 오늘 삶을 돌아보고 영생의 약속을 잡아야 하는 이유가 있다.

수술 후 마취에서 깨는 순간, 날아갔던 의식이 다시 날아왔다. 깊은 마취의 흑암에서 의식이 수면 위로 부상하는 최초의 순간, 바로 그 점은 어둠에서 빛으로 솟구치는 점이다. 삶과 죽음이 교차하는 점이다.

간성혼수와 고열로 두 번째 위기를 겪던 저녁, 의식이 꺼져 가던 점, 그리고 수술 후 마취에서 깨어나는 순간 의식이 날아오던 그 점, 그 희비의 교차점을 경험하면서 삶의 엄숙을 배운다. 나는 소생했다. 그러나 언젠가 다시 죽는다. 그래서 나의 한 살매는 엄숙할 수밖에 없다. 어디 나만의 얘기겠는가?

세 번째 위기 – 배꼽으로 분출하는 복수

어느 날 늦은 밤 거실에 앉아 있는 나를 보고 아내가 "아악!" 하고 소리를 지른다. 풍선처럼 부풀어 오른 배꼽이 터져 벌건 피와 함께 복수가 흘러나와 하얀 속옷을 누렇고 벌겋게 적시고 있었다. 20리터 가까운 복수가 차 있으니 복압으로 인해 자연스레 배꼽이 밀려 나오고 풍선처럼 부풀어 올라 실핏줄이 다 보일 지경이다. 20리터면 파란 생수통으로 하나 정도나 되는 많은 양이다.

그 길로 응급실에 실려 갔다. 다음날 배꼽이 완전히 구멍이 나서 복수가 마치 옹달샘이 솟듯이 퐁퐁 솟아난다. 세 겹, 네 겹으로 댄 두꺼운 솜 패드, 옷, 침대를 적셔대는데 정신을 못 차릴 지경이다.

외과팀이 달려와 배꼽을 들여다보더니 꿰매봐야 별 소용이 없지만 그래도 한 번 해보자고 다섯 바늘을 꿰맸는데 여전히 복수는 질질 흐른다. 환자복과 시트를 계속 갈아주는 간호사들에게 미안해서 질질 흐르는 복수를 손으로 틀어막고 화장실 뒷켠 샤워실에 들어가 샤워기를 틀어놓고 복수를 씻어냈다. 따끈따끈한 복수를 씻어내면서 나는 하나님께 감사했다. "하나님, 의사들은 한꺼번에 세 병 이상 빼는 것은 위험한 일이라고 하는데 우주 최고의 의사인 하나님께서 이상한 방법으로 이렇게 많은 복수를 빼주시니 감사합니다."

나중에 안 일이지만 복수를 과다하게 빼버리면 쇼크사를 일으킨다는 것이다. 그런데 난 아무 일도 없었다. 구멍 난 배꼽에 샤워기를 들이대고 깨끗하지 못한 물로 씻어낸 것도 위태위태한 일이었다. 만약 세균 감염이라도 되었으면 어찌 될 뻔했느냐고 의료진으로부터 책망을 들었다.

간이식 수술을 대기하고 있는 환자들이 얼마나 감염에 취약한지 모른다. 어렵사리 간 기증자를 구해 2주 후면 수술을 할 수 있을 것이라고 기뻐하던 환자가 수두에 걸려 수두 바이러스를 잡는 치료 중에 사망하고 말았다. 2주를 기다리지 못하는 목숨이 가는 실보다 약하게 느껴졌다.

그런데 나는 세 번의 중대한 위기도 건너왔다. 3번의 위기뿐만 아니다. 간경화 환자들이 흔히 겪는 피를 토하고 죽는 증상인 식도정맥류도 전혀 없었다. 또한 수술 전뿐 아니라 수술 후 여러 차례 겪은 위기에서도 목숨을 부지할 수 있었다. 모두 사람의 힘으로는 헤쳐 나올 수 없는 위기들이었다. 그래서 나는 주저 없이 하나님께 감사하고 그분을 찬양한다.

* 치딩굴내리딩굴: 몹시 뒹구는 모양
* 엉그름: 차지게 갠 흙바닥이 말라 터져서 넓게 벌어진 금
* 가스러지다: 잔털 따위가 좀 거칠게 일어나다
* 푸접없다: 남을 대하는 데 붙임성이나 정이 없고 쌀쌀하다

주삿바늘과 십자가 못

골수 검사, 간 조직 검사, 동맥혈 검사를 하려고 하면 오금부터 저린다. 주삿바늘만 보아도 고개가 외로 꼬이고 만다. 쇠붙이가 살 속을 파고들 때 전해오는 따끔하고 차가운 느낌도 싫거니와, 골수를 뽑아내는 순간에는 뼈가 살가죽을 뚫고 쭈욱 빨려 나가는 듯 뻐근하여 윽- 하고 소리를 지르고 만다. 간 조직 검사를 할라치면 오른쪽 옆구리 갈비뼈 사이를 헤집고 밀어 넣은 특수바늘이 간의 살점을 물고 튕겨 나올 때의 떨떠름한 기분 역시 이루 말할 수 없다.

그럴 때면 예수님의 손과 발에 박힌 못을 생각하며 이를 악문다. 18센티미터에 165그램(1973년 A. W. Thomason 목사가 고증을 거쳐 제작한 모형 못의 크기와 무게)이나 되는 커다란 못이 손과 발의 살점을 뜯어내고 뼈를 으스러뜨리고 피를 튀기며 꿰뚫고 들어가는 치가 떨리는 고통을 떠올리면 그까짓 주삿바늘 끝이 남기는 따끔한 느낌이야 아무것도 아니어서 그냥 미소로 참아 넘긴다. 예수님께 기대면 지독한 아픔도 그분이 떠안으신다.

안경

하나님께 절대 의지하면 절체절명의 위기의 순간에도 평안한 마음을 유지할 수 있다. 간성혼수로 입원했다가 증세가 호전된 어느 날, 창밖 자동차의 흐름과 소음이 활기로 느껴졌다. 레지던트 주치의에게 외출 허락을 요청했다. 이유를 묻는 그에게 새 안경을 맞추어야겠다고 했다. 어이가 없다는 표정이다. 죽음이 생명을 희롱하는 판에 오래 살 자신이나 있는 것처럼 새 안경을 하려느냐는 물음이 그의 표정에 역력하다. 강청에 못 이겨 허락하는 그에게 나는 확신의 답을 주었다.

"이번에 안경을 하면 오래오래 쓸 거예요."

그리고 잠시 집에 들르러 간 아내에게 남대문 시장에서 만나자고 전화했다. 무슨 일이냐고 의아해한다. 환자복을 벗고 평상복으로 갈아입은 것만으로도 병이 완쾌된 느낌이다. 복수로 무거운 몸을 휘적이며 병원을 나섰다. 아, 갑갑한 병실로부터의 해방감이여! 택시는 반포대교를 건너 용산 미군 부대 사잇길을 달리더니 골목길을 구불구불 치고 올라 어느새 남산도서관 앞길로 들어선다. 처음 와보는 길이다. 차 안에 앉아 마치 외국 여행이라도 나온 듯 연신 신기한 눈길로 창밖을 바라본다. 나는 지금 더 밝히 세상을 보고자 안경을 하러 간다.

'어떡하든 병을 극복하고 이 세상을 오래오래 지켜보자.'

'이제 세상만 보지 말고 사람들의 아픔과 고통도 볼 수 있는 눈을 열자. 상처받고 고통받는 자들이 너무 많다.' 이런저런 생각을 하며 택시에 앉아 있었다.

도큐호텔 맞은편 남대문 시장 입구에서 내려 아내를 기다렸다. 오늘은 그녀를 위로해 주고 싶다. 괜찮은 곳에 가서 점심 식사라도 함께 해야겠다. 아내가 의아해하면서도 조금은 들뜬 기분으로 달려온다. 살며시 그녀의 손을 잡고 시장 구경을 했다. 삶의 활기가 넘친다.

안경을 맞추고 일식집으로 향했다. 아내는 자기보다 내가 좋아하는 메뉴를 고르고, 주방장에게 소금 간을 해서는 안 된다고 이르고 또 다른 입맛 날 찬을 요청하기 바쁘다. 집에서나 밖에서나 그저 내 식사 걱정뿐이다. 맛있는 점심이었다. 그러나 밥보다는 아내와 함께 하는 점심의 추억이 내겐 더 필요했다. 점심 식사를 하면서 이것이 아내와 하는 마지막 외식이 될지도 모른다는 생각이 들기도 했다. 그것은 드러내지 않고 혼자 감추는 생각이었다. 아내도 같은 생각을 감추고 있을까?

점심 후 손을 잡고 북창동 거리를 한가로이 걸으며 노점상에서 괜찮은 넥타이도 몇 개 골랐다. 죽음의 위협 앞에 있는 사람들이 죽음과는 아무 상관 없다는 것처럼 우리는 그렇게 쇼핑했다. 그런 우리를 보고 노점상 아저씨가 남매처럼 닮았다고 한마디 던진다. 마주 바라보았다. 정말 닮은 것 같다. 의당 닮아 가겠지. 이런 고난의 길을 걸으며 함께 맞는 비바람이 우리를 더 많이 닮아 가게 하겠지…. 아내는 미소 짓고 있지만 미소 속에는 슬픔이 배어 있다.

며칠 후 주치의에게 다시 외출을 요청했다. 이번에는 안경을 찾아오겠다고 했다. 나를 보고 짓는 웃음이 야릇하다. 아내더러 찾아오라고 해도 될 일이지만 병실이 너무 갑갑해 힘은 좀 들어도 내가 나서는 편이 오히려 좋다. 안경을 찾아와 쓰고 주치의에게 너스레를 떨며 물었다. "이 안경, 괜찮아요?" 주치의가 말했다. "멋진 안경을 하셨네요. 그러시느라 두 번씩이나 외출하셨군요?"

나의 소원대로 나는 이때 맞춘 안경을 백내장 수술을 받기 전까지 사용하였다. 백내장 수술을 한 뒤로는 도수가 맞지 않아 새 안경을 해야 했지만 나는 아직도 추억이 얽힌 그 안경을 보관하고 있다.

응급 호출

1999년 11월 24일, 퇴원.

순전히 병실의 지겨움, 바깥 공기에 대한 동경, 회복에 대한 희망무…. 이런 것들이 퇴원의 이유다. 9월 이후 세 번의 입원과 세 번의 퇴원. 입퇴원의 반복은 악화의 반증이다. 퇴원을 '병세 호전'으로 이해한다면 세 번의 퇴원은 기만행위다.

생명이 한 뼘 한 뼘 흘러 떠내려간 빈자리에 죽음이 잰걸음으로 다가서 투그리고 있다. 그래도 퇴원한다. 어쩌랴! 병실의 소독 냄새보다 도시의 매연이 한결 그리운 걸!

억지 퇴원하여 집에 도착한 지 몇 시간도 못 되어 병원에서 응급 호출이 왔다. 시내 모 병원에서 간기증자가 나타났다는 것이다. 수술받기를 원하면 지금 당장 병원으로 달려오라고 했다.

올 것이 왔다!

가야 하나, 말아야 하나. 시간은 거침없이 흐르는데 입이 바짝바짝 타들어갔다. 망설임은 계속된다.

'퇴원한 지 불과 몇 시간밖에 안 되었는데…서두르면 안 좋아.'
'지금은 수술을 감당할 체력이 안 된다고 했어!'
'수술 중에 사망할 확률이 반이라는데 자청해서 명을 단축할 필요는 없지.'
'다시 기회가 올 거야.'
'5년을 버텼는데 한두 달 더 못 버틸려고.'
'아냐! 이번이 막차일지 몰라. 다음 기회가 오기 전에 넌 죽어.'
'넌 지금 벼랑 끝에 있어. 지금이 아니면 회생할 기회가 없어.'
'목숨을 건지려면 목숨을 담보해야 해.'

나의 반은 가라고 한다. 가야만 한다고 한다. 사양은 인생 최대의 실수가 될 것이라고 압박한다. 나의 반은 가지 말라고 한다. 만신창이가 된 몸으로 수술을 받는 것은 죽음을 자초하는 행위라고, 수술은 실패할 것이라고 속삭인다.

망설임과 결단의 갈림길에 황량한 바람이 일고 갈등의 파고는 휘-잉 질주하는 바람의 치켜든 소리만큼 높다. 똑딱똑딱…. 벽시계의 초침 소리가 망치 소리보다 커지고 비수보다 날카롭다. 우두망찰하는 나를 아내가 재촉한다.

"빨리 연락 달래요. 안 할 거면 다음 사람 줘야 한대요."
"어떡하면 좋겠어?"
"…?"
아내가 뜨악한 표정이다. 그녀가 해야 할 질문을 내가 하고 있으니 그럴 만도 하다. 최종적으로 책임 있는 결정은 내가 하는 거다.

식은땀이 흐른다. 심호흡을 했다. 엎드려 침묵 속에 30분 동안 하나님을 찾았다. 그런 망설임의 절정에 갑자기 눈앞에 넓은 푸른 초장이 펼쳐지는 환상이 보이고 그곳에 예수님이 어린 양을 안고 서 계시는 모습이 보인다.

"아들아, 가라" 하는 음성이 들리는 듯하다.

난 곧장 병원에 연락하고 교회에도 연락했다. 연락을 받고 류영모 목사님이 선걸음으로 달려오셨다.

너 근심 걱정 말아라 주 너를 지키리
주 날개 밑에 거하라 주 너를 지키리
주 너를 지키리 아무 때나 어디서나
주 너를 지키리 늘 지켜 주시리

하염없이 굵은 눈물 줄기가, 뺨을 타고 흐른다. 하나님께 눈물범벅의 예배를 드렸다.

성공을 보장할 수 없는 수술을 받으러 가는 길, 하나님께서 내게 하시는 약속을 찬양으로 전해주셨다. 밖은 이미 어둠이 깔리기 시작했고 찬 겨울비가 을씨년스럽게 내리고 있다. 집을 뒤로하고 병원을 향하는 차 속에서 계통 없는 생각들이 질서 없이 떠돌다 순식간 와르르 쏟아진 자리에 한 가지 생각이 밤하늘의 폭죽처럼 날아오른다. '뇌사 간이식 – 한 사람의 죽음으로 다른 사람이 생명을 건진다.' 죽음이 회전문을 돌아 삶으로 나타난다. 기쁜 일이다. 아니, 슬픈 일이다. 슬픔은 기쁨과 도무지 융합할 수 없는가 보다. 병원에 도착하니 잠을 빼앗긴 몇 명의 환자만이 빈 로비를 서성인다. 들붐비는 낮 풍경에 익숙한 나의 눈에 밤의 한가함이 생경하다.

전선에 고착된 지친 병사들처럼 각자의 싸움을 싸우는 사람들이다. 저들의 귀환은 어느 때일런가. 여기가 마지막 누울 자리인가. 생명의 주관자만 대답할 물음들이다. 밤이면 병들이 더 활개를 친다. 밤 시간의 투병은 오히려 막막하다. 전선은 고요하나 싸움은 치열하다. 생명과 죽음의 싸움은 늘 그렇다.

* 우두망찰: 정신이 얼떨떨하여 어찌할 바를 모르는 모양
* 투그리다: 싸우려고 으르대며 잔뜩 벼르다

장기 수혜에 얽힌 사연

1999년 10월경 균혈증과 간성혼수로 입퇴원을 거듭하는 중 죽음이라는 놈의 입김이 코끝에 느껴졌다. 번민이 밀려들었다. 수천만 원의 수술 경비가 번민의 원천이다. 떨거둥이로 목숨을 부지할 것이냐, 아니면 깨끗이 죽느냐 그것이 문제였다. 돈을 털어 넣어도 승산은 반반이다. 돈도 털어 먹고 수술도 실패하는 최악의 경우의 수가 징그럽도록 끈덕지게 뇌리에 맴돈다. 그럴 경우 가족이 당할 비참함을 생각하면 차라리 죽음을 수용하는 편이 낫다.

고독한 선택 앞에 괴롭다. 이때 나를 일으켜 세우는 생각이 있었다. 지금이 나의 믿음을 시험하고 아이들에게 신앙을 교육하기에 좋은 기회라는 생각이다. 위대한 신앙 유산은 거액의 물질 유산보다 아이들을 강하게 만들 것이라는 믿음으로 장기이식 신청서를 냈다. 수술 한 달 전이었다.

강남성모병원 A형 간이식 대기 순번 2번. 순번 1번은 나와 다른 병원에 입원 중이면서 성모병원에 장기이식 신청을 한 케이스였다. 드문 경우다. 그런데 갑작스레 기증자가 나타났다. 순번 1번에게 기회를 주려는데 기술적인 문제가 발생했다. 수술 전 거쳐야 할 사전검사가 미비했던 것이다.

시간이 촉박했고 병세도 내가 훨씬 급박했다. 병원 측은 2번인 나를 수혜자로 결정했다. 내가 수술을 받기 전 2~3개월간 모두 5명의 A형 대기자가 있었는데 그동안 뇌사자 기증자가 특별히 많아서 4명이 수술을 받고 빠져나간 상태였다. 내가 수혜를 받기에 좋은 여건이 마련되어 있었다. 보이지 않는 하나님의 손이 이렇게 세심하게 환경을 조정해 놓으셨다.

역사는 배후에 계시는 하나님의 섭리가 보일 듯 말 듯 드러나는 무대다. 오직 보는 눈이 있어야 보게 되고, 들을 귀가 있어야 듣게 되는 것이다.

뇌사자 간 기증 수혜자를 결정하는 데는 몇 가지 원칙과 기준이 있다. 먼저 이식수술을 위해 등록을 마친 환자여야 하고, 수혜 순서는 등록 순서를 원칙으로 한다. 둘째, 기증자와 수혜자의 혈액형이 적합해야 한다. 셋째, 혈액형이 적합할 경우 응급을 다투는 환자에게 우선권이 주어진다. 넷째, 혈액형이 적합하여도 기증자와 수혜자 간의 항체 검사 결과 서로 거부반응이 나타나지 않아야 한다. 심한 거부반응은 곧 사망을 가져오기 때문이다.

그렇다고 모두 다 수술을 받는 것은 아니다. 이 외에도 열이 37도 이상이면 안 되고, 복수가 너무 많아도 안 되고, 균에 감염되어 있어도 안 되고, 혈압과 당뇨가 심해도 안 되고, 10시간이 넘는 수술을 견딜 만한 체력이 없어도 안 되고, 안 되고, 안 되고…. 안 되는 조건이 무려 30가지가 넘는다고 한다.

보통 간이식 같은 수술은 기증자만 있으면 되는 것으로 아는데, 실상 그것은 생명의 주인이 허락하지 않으면 안 되는 일이다. 병원에서 지낼 때, 간이식 수술을 받기 위해 스케줄까지 잡아놓고 예상치 못한 바이러스 감염으로 수술을 연기하다 2주를 넘기지 못하고 사망하는 사례도 보았다. 그럴 때마다 생명의 주 앞에서 겸손할 수밖에 없다.

* 떨거둥이: 재물 따위를 함부로 다 써서 없애 버린 사람을 홀하게 이르는 말

수술 전야

　시각은 한밤중. 건강을 잃고 나니 건강했던 날들이 뇌리에 더욱 강렬하다. 아쉬움의 본색이 그런 것이리라. 군 시절, 거친 야전 훈련을 받던 생각을 하니 내게 그런 날도 있었던가 아쉬움이 밀려든다. 소 잃고 외양간 고친다는데 난 외양간을 고칠 수는 있을 것인지···.
　이제 내가 맞닥뜨린 싸움은 가파르다. 5년간의 지리한 밀고 당김을 일격에 끝내야 한다. 실패하면 더 이상의 싸움은 없다. 죽음뿐이다. 병실을 배정받았다. 뇌사 이식은 시간 게임이다. 뇌사 판정 후 10시간 내에 수술이 이루어져야 한다. 시간을 넘기면 제공되는 장기가 손상된다.
　갑자기 간호사들이 분주하다. 환자복을 지급하고, 정맥주사를 달고, 검사용 혈액을 채취하고, 전신 면도를 시키고, 요오드 액을 주고 아내에게 전신 소독을 시키라고 한다. 한밤중 소란에 예민한 환자들이 잠에서 깨어 호기심으로 눈을 비빈다. 장기이식 코디네이터가 찾아왔다. 긴급 상황 발생으로 퇴근도 못 하고 밤을 새우는 모양이다.

퇴근한 수술진의 비상호출, 뇌사 판정과 수술 준비 과정, 잡다한 부수 행정을 모두 밤새 처리해야 한단다. 코디네이터가 아내에게 기증자의 신상을 뚱겨주었다. 기증자는 30대 초반의 남성이며 수술은 내일 아침 일찍 시작한다고 했다.

곧이어 집도의 김동구 박사님이 찾아오셨다. 김 박사님은 세 번째 입원 시 만난 적이 있다. 복수의 압력으로 밀려나온 배꼽이 풍선처럼 얇아져 결국 터지고 말았을 때다. 풍풍 솟아나는 복수가 서너 겹의 패드와 환자복, 침대 시트를 흥건히 적셔 난감한 응급상황이었다.

레지던트 몇몇을 대동하고 김 박사님이 상태를 직접 관찰하고 구멍 난 배꼽을 어떻게 봉합할 것인지 지시했다. 죽음의 발톱에 옳게 걸렸다고 염려하는 나에게 그는 걱정 말라며 안심을 시켰다.

김 박사님이 이번 수술 과정을 설명했다. 수술은 12~13시간쯤 소요되고 자신과 병원 측에서는 최선을 다해 수술에 임하겠다고 한다. 수술 후에는 일주일 정도 중환자실 무균실에 격리되고, 후에는 1인 격리병실로 옮겨져 한 달 정도 지내게 될 것이라고 일러준다. 또 수술 후에는 내 몸에 링거액과 산소마스크, 담즙 배출관, 소변 주머니 그리고 갖가지 측정 기기가 수십 개 연결될 것이고, 이 '생명줄'들은 상태가 호전되는 대로 하나씩 제거된다고 자상하게 설명한다. 이런 불편을 환자가 인내하고 극복해야 한다는 주문도 덧붙인다.

7층 샤워실. 촉수 낮은 전등은 짙은 어둠의 무게가 힘겹다는 듯 파르르 떨고 있다. 숯덩이보다 더 검은 흐느낌이 앙다문 아내의 입술을 밀치고 새어나온다. 울음을 늘키는 아내가 큰 몸 사래를 떤다. 오랜 병마에 시달려 껑더리된 몸을 드러낸 채 나는 아내 앞에 서 있다. 요오드 액으로 전신 소독을 하기 위해서다. 퀭한 눈, 살비듬을 잃어버린 양 볼, 간질환 환자 특유의 거무스레한 안색. 어깨와 가슴과 허벅지는 앙상한 겨울나무 가지 같다. 단백질 섭취 결핍으로 몸 안에서 '제 살 먹기' 카니발이 벌어진 결과다. 자기 근육을 분해해 단백질로 쓴 것이다. 배는 임산부처럼 불러 발등이 내려다보이지 않는다. 눈을 감았다. 바르르 떨리는 아내 손의 파동이 밀물처럼 달려든다.

나는 뭐라고 그녀를 위로해 주어야 한다고 생각했지만 어떤 위로의 말도 떠오르지 않았다. 주르르 눈물이 흘러 아내의 손등에 뚝 떨어진다. 아내의 울음소리가 가파르게 솟았다.

병실로 돌아오니 시계는 새벽 2시를 가리키고 있다. 천 년의 세월이 그 끝을 향해 막바지 길을 달려 내려가 새 천 년을 맞이하려는 듯 시간은 주저 없이 흐르고 있다. 이제 7시간만 있으면 나는 수술대 위에 눕는다. 생명은 인간의 권한이 아니다. 밤은 교교한데 잠은 아직 멀리 있다.

밤의 느슨함을 틈타 자동차가 굉음을 날리며 질주한다. 질주하는 자는 아스팔트의 본성인 스피드를 즐기는 걸까, 아니면 인생은 최고의 스피드로 잽싸게 지나버려야 할 광야 같은 곳이라는 사실을 나에게 시사하는 걸까? 지상에 조금 더 지체하려는 나의 안간힘을 비웃기라도 하는 건가? 소음으로 도시는 깊이 잠들지 못한다.

기증자는 누구일까? 귀띔받은 것은 30대 초반, 남자, 뇌일혈로 뇌사상태. 각막, 폐, 심장, 간, 신장 기증. 강남성모병원이 아닌 시내 다른 병원에 입원 중. 더 이상의 신원은 불고지가 관례이기 때문에 그의 삶과 성품, 취미, 직업, 결혼 여부, 신앙에 대한 정보는 없다.

* 뚱겨주다: 눈치 챌 수 있도록 알려 주어 깨닫게 하다
* 늘키다: 시원하게 울지 못하고 꿀꺽꿀꺽 참으면서 느끼어 울다
* 껑더리되다: 심하게 앓거나 큰 고통을 겪어 몸이 몹시 파리하고 뼈가 앙상하게 되다

수술실 앞에서

 슬리퍼 끄는 소리, 수액대와 링거병이 왈각달각 부딪히는 소리, 환자를 부르는 간호사의 소리, 침대가 삐걱대는 소리. 아침 병실의 소리들이다. 눈을 떴다. 7시. 창밖이 이미 훤하다. 먼저 깬 환자들이 화장실과 세면대를 왕래하느라 분주하다. 아내가 옆에 있다. 밤새 한숨도 못 잔 까칠한 모습이다.
 "여보, 오늘은 좋은 날이에요. 당신이 새 생명을 얻는 날이에요. 수술 시간이 길더라도 꾹 참으세요. 모든 것이 잘될 거예요. 기도할게요." 아내가 힘주어 말한다. 미소로 응답했다. 아내 얼굴을 물끄러미 바라보았다. 이것이 마지막으로 보는 것일까? 다시 볼 수 있을까? 지난 5년간의 병간호의 고단함이 깊숙이 배어 있다. 한창 젊은 여인에게 가혹하다. 마음속에는 하고픈 말이 서리서리 많았지만 한 치 혀로 무슨 위로를 할 것인가?
 그렇게 기다리고 기다리던 질병을 베어내는 날이다. 가슴이 쿵쾅대는 기대감, 그러면서도 이 자리를 피하고 싶은 두려움이 교차한다. 심호흡을 하면서 마음을 담담히 가라앉힌다. 한 시간이 흘렀다. 간호사가 롱카를 끌고 왔다. 내려가야 할 시간이란다. 아내가 나의 손을 잡고 기도를 시작한다.

"하나님, 하나님, 하나님…아버지께 맡깁니다. 도와주세요."

아내의 기도는 이내 눈물과 뒤범벅이 된다.

7층 병실을 떠나 3층 수술실까지 롱카에 누운 채 실려 가는 동안 병원 복도의 천장이 우르르 흘러갔다. 아내는 수술 대기실까지 따라 들어와 손을 붙잡는다. 심장의 떨림이 손의 엷은 진동으로 전해진다.

"여보, 사랑해! 아무 염려 하지 마."

그녀의 애쓴 웃음이 심장의 떨림을 은폐하고 있다. 나도 웃음을 지어 보였다. 나의 은폐 기도를 그녀도 알았겠지.

"지금 당신 모습이 천사같이 순결하고 깨끗해 보여요. 천사같이…. 하나님이 살려서 내보내 주실 거야."

"보호자는 이제 나가주세요."

간호사가 면회를 끊는 교도관처럼 야속하다.

아내는 쉽게 나가지 못한다. 못내 뒷걸음질이다. 돌아보고 또 본다. 손을 흔든다. 아내가 가련하다. 지난 5년 인고의 세월, 더 좋은 사람을 만났으면 자기 꿈을 활짝 펼치고도 남을 사람인데, 병든 남편을 버리지 않고 수절하느라 남몰래 흘린 눈물이 얼마겠으며, 타버린 가슴은 잿더미로 다 변했을 것이다.

언젠가 그녀가 가슴이 저미는 말을 내뱉었다.

"당신이 잘나갈 때라면 몰라도 이 지경에 당신을 버리고 떠난다는 것은 마지막 내 신앙의 자존감을 버리는 거지요. 병든 남편을 못 본 척하고 내버리고 어찌 십자가에 못 박혀 죽으신 예수님을 사랑할 수 있느냐고 주님이 자꾸 물으시는 것 같아요. 고난을 통해 세상은 잃었어도 주님을 얻은 것이 내 행복이라면 행복이에요."

아내는 극심한 고난 중에도 유일하게 꿈과 희망의 메이커였고 넘어진 사람을 세우는 자였다. 나는 이런 소망에 찬 아내의 언어와 격려 덕분에 진절머리 나는 투병을 견딜 수 있었다.

아내가 나가자 간호사가 나를 더 안쪽으로 밀고 들어가 어느 방 입구에 대기시켜 놓는다. 여기가 말로만 듣던 수술실이다. 호기심에 사방을 둘러보았다. 긴 복도의 좌우에 수술방이 이어져 있다. 반쯤 들여다보이는 수술방에서 푸르레한 무균 가운과 마스크를 착용한 간호사들이 수많은 수술 도구와 용품을 정리하고 있다. 마침 막 수술을 마친 의사가 피묻은 고무장갑을 벗어 던지고 손을 씻는다.

목숨이 달린 질문

롱카에 누워
수술실 앞에서 몇 분을
대기하고 있는 동안

하나님이 던지신 질문
"네가 굳이 살아야 할 이유가 뭐지?"

(건성으로 대답해서는 안 될 답변임을 직감하고
위기의식으로 닭살이 돋았다. 더듬거리며 입에 발린 소리를 했다.)

"당신의 일을 해야 하기 때문이지요."

"너 말고도 할 사람이 많은데."
(현기증이 일었다. 이 수술실에서 살아서 못 나온다는 계시인가?)

"절 부르셨잖아요?!"
"내가?"
"그럼요."

나는 하나님께 강력히 우기고 있었다.
내가 살아 나온 걸 보면
하나님이 슬그머니 져주셨나 보다.

수술에 대한 호기심 반, 두려움 반. 그 사이 한 사람이 내게 다가와 말을 건넨다.
"김성복 씨?"
"네."
"안녕하세요?"
그는 자신이 마취 담당 의사라고 소개한다.
"오늘 저와 같이 수술할 건데 제 얘기를 잘 들으세요. 수술 후에 마취가 깨기 시작하면 심호흡을 해야 합니다. 숨을 깊게 들이마셨다가 3초 참은 후, 천천히 내뱉는 거예요. 아시겠어요? 한 번 따라 해 보세요."

지시대로 했다.

"어때요? 잘 하실 수 있겠어요?"

"네."

"그리고 또 한 가지는 마취한 뒤 잘못하면 기도가 막히기 때문에 김성복 씨의 입과 목에 여러 개의 관과 호스를 끼우게 될 거예요. 그 관을 불편하다고 깨물거나 밀어내지 마시고 참으세요. 안 그러면 성대가 상합니다. 그리고 중요한 것은 기침을 해서 가래를 뱉어내야 하는데, 그냥 켁켁 하고 기침을 하는 것이 아니라 깊고 크게 기침을 해서 가래를 끌어내야 해요. 가래를 얼마나 열심히 많이 뱉어내느냐에 따라 수술 결과가 달라진다는 점을 명심하세요. 아시겠지요?" 마취의 말이 매우 유창하다.

"네, 좋습니다. 그럼 조금 있다 다시 볼게요." 그는 총총걸음으로 사라졌다.

다시 혼자 남게 되었다. 시간이 지루하다. 아내의 목소리가 맴맴 귓가에 돈다.

"여보, 사랑해! 아무 염려 하지 마. 여보, 사랑해! 아무 염려 하지 마…"

아버지 생각

27년 전 아버지가 돌아가신 바로 이 병원에서 이제 내가 수술을 받게 되다니 이게 무슨 악연인가? 예정된 뇌수술 하루 전 세상을 떠나버리신 아버지.

세월이 흐르면 잊힌다기에
세월이 지나기만 기다렸지요
하지만 살아보니 그게 아니더군요
그리움은 불쑥불쑥 사무쳐 와요

그리움 퍼내면 행여 잊을까
가슴 다 아리도록 퍼내 보지만
지치도록 도무지 마르지 않습니다
그리움 다 퍼내기까지 나는 당신을 못 잊을 테요

30여 년 세월의 강이 넓다 하지만
그까짓 세월 이을 다리 하나 못 놓겠어요
회상은 세월보다 강하니까요

발자국 소리가 들렸다. 천장이 다시 후르르 흘렀다. 드디어 수술실 안으로 밀려 들어갔다.

수술실

아름드리 수술등이 기계팔에 들려 완만한 각을 세우고 천장에 떠 있다. 그 아래 수술대가 있고 수술 기자재와 장비가 사방으로 즐비하다. 서너 명의 간호사들이 기자재를 정리하며 분주하다.

수술대 옆에 롱카를 붙이더니 수술대로 나를 옮긴다. 수술대는 예상 외로 좁고 딱딱하다. 맥박이 놀뛴다. 수술대에 부착된 팔 지지대를 크게 벌리고 양손을 묶는다. 두 발도 가죽띠로 수술대에 고정시킨다. 꼼짝달싹할 수 없다. 갑자기 공포가 밀려온다.

십자가에 달린 채 누워 있는 모습이다. 나를 내려다보는 수술등이 고문관만큼 위압적인 표정이다. 위압감만으로도 전신이 몽혼에 빠져드는 듯하다.

머리맡에 두 의사가 자리를 잡는다. 홉떠 보니 한 사람은 조금 전 만났던 마취과장이다. 다른 한 사람은 푸르둥한 짧은 소매 수술복 하나만을 걸치고 있다. 갑자기 추위가 느껴진다. 사실 수술방이 싱경성경하다.

"김성복 씨?" 신원을 다시 확인하는 듯한 어감이다.

"우리 병원의 간이식 성적은 아주 좋습니다. 편안하게 생각하세요."

"이제 수술에 들어가겠습니다." 이번에는 마취의가 말했다.

수술등을 응시했다. 마지막으로 보는 이 땅의 물건일지도 모른다. 눈을 감았다. 마취의가 마취약과 주사 용량을 지시한다. 간호사의 복명이 있고 왼팔에 물려둔 주사 라인에 주사액이 주입된다. 뜨거운 불이 확 밀치고 들어오는 느낌이다. 순간 팔에 경련이 인다. 뜨거운 기운이 맹렬한 기세로 삽시간에 온 혈관을 타고 질주한다. 온몸에 불길이 치솟는다. 의식이 엷어진다. 그래도 아직 방 안의 소리는 감지된다.

"이것은 좋은 산소입니다. 쭉 들이키세요."

입과 코를 한꺼번에 덮는 고무마스크를 가져다 대며 마취의가 말했다. 시킨 대로 길게 한 숨 들이마셨다. 공기가 달다는 생각이 드는 순간 몸이 떠오르는 느낌이다. 미풍에 날리는 깃털처럼 몸이 가벼워진다. 발치에서 작은 바람이 일더니 머리 쪽으로 불었다. 의식이 날아간다. 가지를 박차고 나는 새처럼! 아! 이 얼마나 가볍고 빠른 여행인가. 포근하고 따뜻하다. 이것이 죽는 순간의 느낌이라면 죽음을 무서워할 필요도 없겠다. 이내 흑암이 덮쳤다.

수술실은 총성 없는 전쟁터다. 사망의 권세와 생명을 지키려는 의료진 사이에 숨 막히는 싸움이 벌어지는 곳이다. 죽음의 사신은 호시탐탐 생명을 덮칠 기회를 엿본다. '두려움'이라는 독약을 입에 흘려 넣어 환자의 숨통을 막으려 든다. 혈관을 절단하고 담도를 봉합

하는 의사의 손을 마구 떨리게 하여 수술을 망치게 할지도 모른다.

  죽음이란 놈은 어쩌면 갖가지 수술 도구에 세균으로 변장해 묻어 있다가 환자의 몸에 파고들어 둥지를 틀고 생명을 삼켜버리려 할지 모른다. 컴퓨터도 믿을 수 없다. 언제 이상 작동을 일으켜 수술을 혼란에 빠뜨릴지 모르는 일이다. 수술대를 에워싸고 있는 의사와 간호사의 옆구리 틈을 비집고 사망의 권세가 언제 생명을 앗아갈 사악한 발톱을 들이밀지 모른다. 오직 하나님만 의지한다.

  주는 내 방패시요 피할 바위시며 요새시라.

* 흡뜨다: 눈알을 위로 굴리고 눈시울을 위로 치뜨다
* 싱겅싱겅하다: 방이 차고 써늘하다

회생의 순간(나비의 춤)

얼마나 오래 무의식의 흑암 속에 갇혀 있었는지 알 도리가 없다. 의식이 나비처럼 날아들었다. 눈꺼풀이 열리더니 곧 닫혔다. 무엇이 보였으나 그것이 무엇인지 알 수 없었다. 밝은 해 같기도 하고 창백한 달 같기도 했다. 빛인지 어둠인지 구별할 수 없었다. 그저 눈꺼풀의 열림이었고 닫힘이었다. 그것은 순간이었다.

그것은 감각이었다. 몸 안에서 일어났는지 밖에서 일어났는지, 눈이 먼저인지 머리가 먼저인지 알 수 없는 희미한 감각이었다. 그러나 분명한 것은 완전 흑암에서 희석된 몽롱함으로 농도가 엷어진 것이다. 그러다 곧 다시 긴 나락으로 흘러 내려갔다. 나비는 순간 머물다 날아갔다.

그리고 다시 날아왔다. 다시 몽롱하고 꿈같다. 또 무엇이 보인다. 둥글었다가 곧 길어진다. 창백한 것들이 가루처럼 머리 위에 쏟아진다. 빛이다. 눈꺼풀이 바르르 열린다. 수리수리 모습을 드러낸 것은 둥근 수술등이다. 그 위압적이던 무서운 등. 가슴이 쿵 내려앉았다.
'수술 중인가? 수술 중에 마취가 깬 걸까?'
움씰 소름이 번졌다. 좌우를 곁눈질했다. 의사도 간호사도 보이지 않는다.
'그럼 수술은 끝난 걸까? 도대체 여기는 어디지?'
눈을 슴벅여 보았지만 수술등은 여전히 수리수리할 뿐이다.
'방금 수술등이 보였는데….'

곧 피곤 같은 졸음이 밀려왔다. 스르르 눈이 감기려 한다. 바닥이 큰 힘으로 나를 빨아 내리고 있는 듯하다. 그 기운을 이길 수 없다. 그러나 나비는 잠에 빠져드는 나의 뇌를 들쑤시며 날아다닌다. 어렵게 날아왔다는 것을 일깨우기라도 하려는 듯.
'네가 살았다고!'
'살았어?!'
'그래, 살았어! 살았단 말이야! 다시 힘껏 눈을 떠봐. 떠보란 말이야.'
놀라서 잠에서 깨어났다. 눈을 떠보니 어리번쩍 형광빛이 내리쪼이고 있다. 시간이 얼마나 흘렀는지, 수술이 끝난 지 며칠이나 되었는지 도무지 알 길이 없어 정신이 혼글혼글하다. 나는 지금 먼 여행을 다녀온 기분이다.
'그래. 여기는 수술실이 아니야. 수술은 끝난 게 틀림없어.'
통터지던 졸음이 한꺼번에 싹 달아나고 온몸이 앙당그러졌다.
'그래. 마취에서 깨나 보다. 아아! 그 무서운 수술이 다 끝났어…. 끝났다구.'

식은땀이 흘렀다. 악몽을 꾼 것 같다. 수술이 무섭다. 몸서리치게 무섭다.
'무서워. 수술이란 다 무서운 거야.'
무슨 조화인가? 수술이 끝났는데 더 무섭다. 날카로운 메스가 살점을 마구 베고 혈관을 끊고 세포를 동강냈다는 생각에 진저리를 쳤다. 늦터진 공포가 온몸의 세포를 와르르 무너뜨리며 내달린다. 무섭다. 도대체 이 공포감은 어디서 스멀스멀 나오는 건가.

나비는 감각을 한 치씩 일깨웠다. 외로 꺾인 목이 뻑적지근 아프다. 목을 바로 놓고 싶다. 그런데 웬일인가. 목을 조금도 움직일 수 없다. 좀더 힘을 주었다. 그러나 목은 진흙에 처박힌 수레바퀴처럼 꼼짝하지 않는다. 두려움인지 절망감인지 모호한 감정이 휩싸고 지나간다. 두 팔은 벌려진 채 묶여 있다. 검지가 멍멍하다. 무엇인가 손가락에 물려 있다. 손가락을 곰지락거려 본다. 움적달싹하지 않는다.
발치에서도 멍한 감각이 전해왔다. 침대 모서리가 발을 압박하고 있다. 혈액순환에 장애가 있는 것 같다. 자세를 바로 바꾸고 싶지만 몸이 쇳덩이처럼 무겁다. 미동도 할 수 없다.
'아-악!'
있는 힘껏 소리를 질렀다. 소리의 집중은 있었으나 공명 없는 호요바람 소리뿐이다. 소리의 퍼짐도 메아리도 없다. 다만 입에 가득 찬 물체의 느낌만 있다.
'이건 또 뭘까?!'

굵은 플라스틱관이 물려 있다. 기도 확보를 위해서인가 보다. 관은 목젖까지 닿아 있어 성대를 거칠게 압박하고 있다. 게다가 기도관과 콧구멍을 통해 기관지와 위까지 몇 개의 호스가 박혀 있다. 또 그 위에 산소호흡기까지 씌워져 있다. 기도를 확보하기는커녕 오히려 질식당할 것만 같다. 호흡도 어려운 지경에 몸은 불덩이 같고, 홧홧거리는 날들숨에 콧구멍과 입술이 쩍쩍 갈라져 쓰라리다. 두꺼운 솜이불이 무겁고 전기담요는 뜨끈하다. 화가마에 갇힌 느낌이다.

'아, 제발 이 솜이불 좀 걷어 주었으면.'

악물고 발길질을 해보나 사지가 말을 듣지 않는다. 염을 당해 관 속에 눕혀진 채 무거운 흙더미 밑에 깔려 있는 답답증이 느껴진다. 양팔에는 크고 작은 유리병, 비닐백 수액 주사가 주렁주렁 달려 있고 입에는 산소호흡기가 물려 있다. 소변줄, C 튜브, T 튜브, 담즙 호스 외에도 혈액 내 산소량과 심장 박동을 측정하는 기기가 손가락에서 컴퓨터로 연결되어 있고 오른쪽 팔뚝에는 혈압측정기가 붙어 있다.

혀를 깨물고 싶도록 처참하고 고통스럽다. 기도관을 물려 놓았으니 혀를 깨물 수도 없다. 이렇게 무력하도록 고통스러웠던 적은 평생에 없었다. 이 많은 호스와 튜브는 방울방울 생명을 밀어 넣기 위한 것인가, 아니면 나의 살고자 하는 희망지수를 재고자 하는 것인가?

'이불 좀 걷어 주고, 목과 발 좀 똑바로 놓아 주었으면.'

'간호사!'

그러나 허- 하는 메아리만 있을 뿐이다. 나는 내 귀를 의심했다.

그리고 다시 한 번 소리를 집중시켰다.

'간~호~삿!'

허-

숨은 막히고 몸은 활활 타오르고 사지는 한 치도 움직일 수 없다. 의사소통의 방법은 없다. 입으로도, 손으로도, 발로도, 어떤 몸짓으로도…. 신경망이 꺼져버린 육체에 갇혀 있는 의식은 갑갑하여 미치겠다고 홀로 날뛰고 있다. 나의 세계는 외부와 철저히 단절되어 있다. 단절된 의식은 비명을 지른다. 자기에게 귀를 기울여달라고 한다. 표현되지 못하는 의식은 고독이고 두려움이며 절망이다. 우주와 절연되어 소통이 막힌 의식은 죽음보다 참담하다.

이 무력감을 이길 수 없을 바엔 차라리 잠에 빠져들리라! 고통을 잊고 싶다. 의당 깨어나는 것을 기뻐해야 할 텐데 깨는 것이 두렵다. 처절한 무력감. 아무것도 할 수 없다. 난 이때 처음 실감했다. 감사하게도 하나님께서 우리에게 의사소통을 위한 말을 주셨다는 것을….

군대 시절 담력 훈련이 떠올랐다. 작은 흙 언덕에 사각형 입구가 컴컴한 입을 벌리고 있었다. 네 발로 기어들어 가면 꽉 차는 크기다. 한 분대씩 줄을 지어 통과하는 훈련이다. 길이가 족히 30미터는 되었다. 한 줄기 빛도 허용되지 않는 암흑. 앞사람의 엉덩이에 코를 대고 엉금엉금 기어간다. 도중에 선두가 정지했다. 중간에 걸려 앞으로도 뒤로도 꼼짝할 수 없다. 산소마저 희박해진다. 숨이 가빠오면서 공포감이 폭발한다. 순간 헐크처럼 괴성을 지르며 흙더미를 밀어젖히며 일어서고 싶어진다.

'으윽.'

비명을 질러도 주목하는 이가 없다. 몽혼주사 기운이 다시 살아난다. 다행이다. 졸음이 밀려온다. 감사하다. 몽혼주사 기운에 기대어 잠시 고통을 잊자꾸나.

* 수리수리하다: 눈이 흐려 보이는 것이 희미하고 어렴풋하다
* 혼글혼글하다: 들었다가 나갔다가 하여 얼떨떨하고 어지럽다
* 앙당그러지다: 마르거나 졸아지거나 굳어지면서 조금 뒤틀리다

교감

한 번씩 더 깰 때마다 의식이 조금씩 명료해진다.

발치 끝으로 무엇인가 스쳐 지나는 것이 보인다. 유리벽 밖이다. 간호사가 분명하다. 나를 힐끗 쳐다본다. 이제 알겠다. 나는 지금 유리방에 갇혀 있다. 양쪽에 주렁주렁 달린 여러 개의 링거액이 혈관에 한 방울 한 방울 생명을 밀어 넣는다. 오른쪽 귓전에선 '삐-삐-' 소리가 단속적으로 반복되고 있다. 수술대에 누웠을 때 심장의 박동을 알려주던 기계 소리를 닮았다.

'제발 들어오렴. 와서 내가 눈을 뜨고 있는 것을 보려무나. 그러면 내가 의식을 찾고 있는 것을 알겠지. 많은 환자들을 겪어 보았으니 이럴 때 환자들이 무얼 원하는지 알 것 아닌가. 어떻게든 내 눈빛으로라도 의사를 전할 수 있겠지. 방법이 있을 테지.'

나는 어떻게든 눈을 뜨고 있어야 했다. 눈을 감으면 안 된다고 스스로에게 타이르면서. 그러나 깨어 있어야 한나는 나의 의도에 반발하듯 잠이 쏟아지기 시작한다. 간호사의 모습은 다시 보이지 않고 아무도 들어올 기미가 없다. 밀려오는 잠에 나를 내주고 말았다.

얼마나 지났을까. 잘그락하며 문이 열리는 소리와 발소리에 놀라 얕은 잠에서 깨어났다.
'온다, 와!'
간호사가 손에 무언가 들고 들어오고 있다.
'됐어. 이번이 기회야. 자, 눈을 부릅뜨고 있자.'
간호사는 손에 들었던 것을 옆에 내려놓는다. 그리고 부-웅 하는 소리와 함께 나의 오른팔에 감아 놓은 공기주머니가 부풀어 오르며 맥없이 늘어진 팔을 압박해 왔다. 혈압을 측정하나 보다. 이어 그녀가 나를 바라보다 내 눈과 마주쳤다.
"어! 깨셨네."
얼마나 기다리던 순간이었나. 이때를 놓치면 안 돼. 필사적으로 의사소통을 해야 한다. 무인도에 표류된 사람이 지나가는 먼 배를 향해 손이라도 흔들듯 희망 없는 짓이라도 해야 한다. 나는 간호사의 눈을 뚫어져라 쳐다보았다.
"환자분, 수술 잘됐어요."
나는 그녀의 말을 잘 알아듣고 있다는 표시로 눈동자를 서너 차례 이리저리 굴려 보았다. 이렇게 하면 감을 잡겠지. 절박한 문제는 어떻게 이불을 걷어 달라고 하느냐였다. 무슨 방법이 없을까? 나는 있는 힘을 다해 말을 할 수밖에 없다고 생각했다.
"이-불."
두 음절을 또박또박 힘주어 말해보았다.

"흐흐."

내 귀에 돌아오는 소리는 여전히 바람 새는 쇳소리뿐이다. 그 사이 간호사는 링거액에 주사액을 주입하고 다시 나가려다 말고 다시 한 번 나를 내려다보았다. 마음이 급해진 나는 허-허- 하는 숨 가쁜 소리라도 계속하지 않을 수 없었다.

"환자분, 왜요? 숨이 차세요?"

'그래, 이불도 이불이지만 숨도 가쁘니 그렇다고 해서 그 문제라도 해결하자.' 이렇게 생각하고 나는 더욱 숨이 가쁜 흉내를 내었다.

"그렇게 숨을 쉬지 말고 심호흡을 하세요. 그러면 좀 나으실 거예요. 환자분 호흡 잘되라고 기도관을 꽂아 놓았는데 숨이 막히긴 뭐가 막혀요. 불편하시겠지만 다 참아야 돼요."

발길을 떼어놓던 간호사가 다시 돌아서더니 흐트러진 이불자락을 침상 가드레일 안으로 오히려 꼭꼭 다져 넣고 나가 버린다. 아니, 이럴 수가! 허탈하고 절망스럽다.

깨는 것이 두렵다. 나비가 몇 번을 반복하여 날아왔는지 모른다. 손가락을 꼼지락거려 보았다. 아직 뇌신경의 명령을 사지가 거역하고 있다. 밖에서 몇 사람이 이마를 유리에 대고 안을 들여다본다. 그러다 나를 보고 웃고 손을 들어 손짓을 해 보인다.

'누구지?'

아! 아내다. 혼자 있다. 이마가 짓눌리도록 유리벽에 얼굴을 내고 나를 한 치라도 더 가까이 보려고 안간힘이다. 연신 눈물을 닦아내면서도 함박웃음이다. 눈물과 함께 피는 웃음 속에 고통과 희망이 교대한다. 간호사가 내가 의식을 찾기 시작했다고 일러주었나 보다.

  아내는 연방 창을 두드리며 자기 좀 보라는 제스처를 해댄다. 그러나 나는 아직 아무 손짓도 몸짓도 못 하는데. 내가 아무 반응을 보이지 못해도 그녀는 기뻐하며 울고 있다. 방울방울 듣는 눈물은 단순한 H_2O가 아니다.

  '여보, 난 지금 사지를 꿈적할 수 없어도 한없이 노력하고 있어. 조금씩 변화가 있어. 살아난 것도 알고, 당신도 다 알아보고 있어. 당신의 눈물도 웃음도 그 의미의 깊이도 재고 있어. 고마워. 감사해. 수술은 몇 시간 했어? 내가 얼마나 잠들어 있었어? 며칠이나 지난 거지? 나 수술하는 동안 얼마나 간이 탔어? 밥도 모두 굶었겠네. 하나님 이름을 수만 번도 더 불렀겠지. 우리 아이들에게 아빠가 살아난 소식을 전했지? 아이들이 울었어, 웃었어? 여보, 사랑해. 사랑해! 정말 사랑해! 내 생각에 도무지 두서가 없네. 나두 알아. 당신 지금 막 뛰어 들어와 날 만져보고 싶지? 나두 벌떡 일어나 뛰어나가 당신을 얼싸안고 한바탕 웃고 울고 싶어. 그래, 조금 기다려. 여기 유리 무균실에서 일주일을 살아남아야 소생 가능성이 있다고 했지. 의사 선생님이 말이야, 수술보다 무균실에서의 상태가 더 어렵다고 했지. 하지만 염려하지 마. 우리 주님이 계시잖아. 지금까지 되어 온 일도 모두 인력으론 할 수 없는 일뿐이었잖아. 예수님의 보이지 않는 손이 여기 있어. 알지?'

유리벽 안과 밖의 두 세계에서 서로 주고받은 환희의 교감이다. 죽음에서 벗어나서 처음 나누는 교감이다.

교차하는 의식과 무의식의 세계. 두 세계의 거리는 얼마나 될까? 한 숨의 잠만큼 떨어져 있을까? 동이 서에서 먼 것처럼 멀리 있을까? 의식과 무의식의 세계를 왕래하던 끝에 어느 때인가 손가락이 까닥하고 움직였다. 환희의 탄성을 질렀다.

'발가락과 목도 움직이려나?'

아직 어렵지만 이전보다는 힘이 더 깊숙이 전달되는 것을 느낄 수 있다. 생명의 기운이 사지 변방으로부터 몽혼주사의 기운을 서서히 밀어내고 있나 보다. 간호사의 들고남이 빈번해진다. 그 들고남의 빈도가 같은데도 내가 깨어 있는 시간이 많아짐에 따라 그렇게 느껴지는지도 모른다. 간호사들이 바뀌고 있다. 어떤 이는 안경을 끼고 어떤 이는 끼지 않고 있음으로 봐서. 간호사가 들어올 때마다 나는 모든 눈짓과 갓 움직이기 시작하는 손가락으로 내 의사를 알리는 데 필사적이었다. 그중 한 간호사가 센스 있게 내 뜻을 알아차렸다. 거칠게 숨을 내몰아 쉬는 것을 반복하는 것을 보고 그녀가 물었다.

"숨이 답답해요?"

나는 눈을 열심히 깜박거려 그렇다고 알려주었다. 그래도 좀 참으라고 한다. 이번에는 오른손 검지를 들어 몸쪽을 가리키며 마구 꼼지락댔다. 그녀가 또 물었다.

"수술한 데가 쑤셔요?"

나는 손가락을 좌우로 흔들어 아니라고 했다. 그리고서는 아까와 똑같은 동작을 해댔다.

"추워요?"

다시 손가락으로 아니라고 대답했다.

"더워요?"

아! 이 얼마나 기다렸던 물음이냐? 나는 즉각 눈을 열심히 깜박거리고 손가락으로는 위아래로 움직여 가며 그렇다고 대답해 주었다. 간호사가 솜이불을 걷어 주었다. 갇혀 있던 뜨거운 열기가 확 달아난 빈자리에 시원한 바람이 밀고 들어온다. 이 시원함! 그녀가 또 묻는다.

"전기담요도 꺼드릴까요?"

성공이다. 드디어 성공이다!

나는 기뻐하며 그렇게 하라고 손가락 사인을 보냈다.

의식이 완전히 돌아오고 유리벽 밖으로 많은 사람이 얼굴을 내비쳤다. 어머니, 큰형님, 누이들, 가족들, 교회 성도들, 옛 직장 동료들. 어떤 이는 울고, 또 어떤 이는 좋아 웃는다. 사지에서 살아 돌아온 병사처럼 그들은 살아난 나를 환호한다. 감사하다. 그들의 환호와 기쁨의 눈물을 보면서 나도 감사한다. '하나님이 다 하셨습니다.'

시간이 흐르고 난 뒤 간호사에게 물었다. "물이 먹고 싶어요. 마셔도 되나요?" 마셔도 된다는 간호사의 말에 마침 문병 온 사람들이 사 온 음료수를 요청해 한 병 시원스레 다 마셨다. 얼마 만인가? 안심하고 물을 마신 적이. 정말 이렇게 마셔도 되는 건가? 음료수를 두 병쯤 마셨을 때, 혈액검사 수치에 영향을 미친다고 금세 금지령이 떨어졌다.

* 꿈적: 몸을 둔하고 느리게 움직이는 모양

70일간의 사투

　중환자실 무균실에서의 일주일. 위기의 순간들을 밀치고 1인 격리실로 방을 옮겼다. 5층 204호. 기껏해야 가로 2.5미터, 세로 4미터 정도의 이식환자를 위한 격리병실. 문을 열면 바로 왼쪽에 화장실과 붙박이 옷장이 있고, 오른쪽에 두 개의 쓰레기통과 허리쯤 서랍장 하나가 놓여 있다. 서랍장이 있는 자리 바닥에 흰 반창고 경계선이 있다. 이 선은 감염 경계선이다. 이곳에서 실내화를 갈아 신어야 하고, 멸균가운과 일회용 마스크와 머리캡을 착용하고 손에는 소독액을 분무해야 한다. 환자에게 접근하기 위해서는 누구든 예외가 없다. 주치의도, 간호사도, 간병인도.

　경계선을 넘어서면 정면에는 커다란 창문이 있고, 창문을 따라 가로로 환자용 침대가 놓여 있다. 방 안 왼쪽에는 냉장고와 간병인을 위한 소파 겸 간이침대가 있다. 환자용 침대 머리맡에 산소통과 비상벨, 선등 등 응급설비 패널이 벽에 설치되어 있다. 산소 공급기에서 기포가 부글부글 끓고 있는 모습만이 유일한 움직임이다. 침대

발치 위로는 TV가 천장에 매달려 누워 있는 나를 내려다보고 있다. 한쪽 벽에 달력과 십자가가 걸려 있다. 이것이 격리병실의 풍경이다.

격리병실에서는 면회가 일체 사절되고, 간병인도 복도 출입을 하지 말도록 엄한 지시를 받는다. 심지어 병실 창문도 하루 두 번, 잠깐 동안의 환기를 위해서만 열도록 통제를 받으니 감옥 아닌 감옥이다. 담당의사도 꼭 환자의 상태를 관찰할 필요가 있을 때가 아니면 출입을 자제한다. 갖가지 검사 결과는 병실 문 바깥에 붙여놓는 기록지에 기록된다. 8절지에 새끼손톱만 한 크기의 칸을 빽빽이 그려놓고 하루 20여 가지가 넘는 검사기록을 유지해 간다. 격리병실의 출입문이 열리는 때는 간호사가 들어올 때, 하루 세 끼 식사가 배달될 때, 하루 두 번의 회진 시간, 아침에 쓰레기통을 비우는 시간뿐이다.

중환자실 무균실에서 꼬박 일주일을 보내고 이곳으로 옮겨온 날은 1999년 12월 3일. 삶과 죽음의 분수령인 무균실을 숨 가쁘게 건너왔다. 12월 5일, 수술 후 처음으로 맞는 주일이다. 며칠 동안 천지개벽이라도 된 듯, 나는 황홀한 신세계에 떨어진 느낌이다. 사망의 권세에 체포되어 포승줄에 묶여 흑암의 도살장으로 끌려가던 내 목숨이 번개처럼 나타난 흑기사의 말에 실려 안전한 도피성에 옮겨진 것인가? 생의 환희에 감격한다. 침대에 누워 창을 통해 바라보는 푸른 하늘도 싱싱하게 아름답고, 병원 굴뚝을 빠져나가면서 머리채를 풀어 헤치듯 흩어지는 연기도 아름답다. 자연이 아름답고, 달리는 바람소리도 아름답다. 다 하나님이 하셨다. 지난 4~5년간의 모진 투병이 보람이 있는 날이다.

아내는 아침 다른 일들보다 앞서 먼저 예배를 드리자고 한다. 두 사람이 이식수술 후, 첫 예배를 드렸다. 에스겔 37장의 마른 뼈에 살이 붙고 신경이 통하고 생기가 들어가 살아나다라는 말씀과 시편 95편의 구원의 반석 여호와를 찬양하는 말씀, 말라기 4장 2절의 의로운 해가 떠올라 치료의 광선을 비추니 외양간에서 나온 송아지같이 뛰리라는 말씀을 읽고 찬송가(통일) 411장 '예수 사랑하심은'과 460장 '지금까지 지내온 것'을 찬양했다. 우리 둘의 눈에서 한없는 감격과 감사의 눈물이 흘러내린다. 찬송가 한 절 한 절이 복음의 선포요 설교다.

무균실을 건너 들어온 격리병실, 이곳은 생명의 땅인가? 그러나 아직 생명은 확보되지 않았고 죽음의 추격은 여전히 맹렬하다. 격리병실에서 대사투가 벌어진 70일은 5년 투병의 고통을 다 더하고도 남는다.

5층 격리병실로 옮겨온 후 미열이 계속되었다. 70일 대사투의 전주곡인가. 머리는 지끈거리고 온몸은 천근만근 가라앉는다. 속은 끊임없이 울렁거려 구역질의 연속이다. 그런 상태로 2주일을 보냈다. 모든 의욕이 사라지고 손가락 하나 까닥하기 싫다. 발열 원인만 추적하는 전문의들이 달려들었다. 이유를 캐는 일이 쉽지 않은 모양이다. 특별한 감염도 없고 수술은 교과서대로 잘된 것 같다는데. 미열보다 그 원인을 몰라 당혹해하는 의사들의 모습에 더 힘을 잃고 만다.

신열은 경계경보다. 체온이 1도만 상승해도 기력이 소진하고 모든 의욕을 상실하고 만다. 열이 오르니 날들숨의 뜨거움에 코와 입에서 단내가 나고 왕가뭄에 논이 갈라지듯 입술이 트고 아프다. 가제에 물을 적셔 습기를 공급해 보지만 2~3분을 가지 못한다. 신열 하나도 엄청난 고역이다. 우리 몸은 민감한 센서이며 경보체계로 되어 있다. 정상인은 예외 없이 36.5도를 유지하니 다만 그 사실만으로도 창조주의 신비 앞에 경탄할 뿐이다.

미열이 잠을 빼앗아 간다. 오늘이면 잡히려나 내일이면 잡히려나 애가 타도 이렇다 할 차도가 없다. 검사를 위해 하루에 혈액채취를 서너 번씩 하고, 게다가 수액주사를 맞느라 혈관에 바늘 찌를 곳이 없다. 몸이 녹초가 되고 나서야 미열이 어지간히 잡혔다.

거부반응

간이식 수술을 받고 나니 숱한 예기치 않은 증상이 나타났다. 몇 가지는 약 부작용으로 알려진 것도 있지만, 상당수가 환자의 체질에 따른 특이 증상이었다.

빈혈, 하루 11~15번 계속되는 설사, 과도한 포타슘(칼륨) 상승으로 인한 심장마비 우려, 원인 모를 혈소판 파괴, 진절머리가 나도록 계속되는 욕지기, 구토로 인한 음식 섭취 불가, 빈사 상태로 몰아가는 영양실조, 백혈구 감소. 여기에 병원 감염 우려는 노이로제를 유발할 지경이었다. 모두 다른 사람의 간이 내 몸에 적응하기까지 일어나는 거부반응의 증상이란다.

예수님을 영접한다는 것은 '그리스도의 심장'을 우리 몸에 이식하는 것과 같다. 육신의 오만 가지 기관 중 장기(臟器) 하나 바꾸는 데도 이토록 거부반응이 심각한데, 불신자가 자기의 심장을 내놓고 그리스도의 심장을 이식하려고 하면 얼마나 격렬한 거부반응이 나타나겠는가?

광야에서 40년간 **뺑뺑이**를 돌면서도 하나님 심장 갖기를 거부하며 불평하고 원망하는 가련한 인생이여! 거부반응이 이식환자의 목숨을 앗아가 버리듯, 예수님에 대한 우리의 거친 거부의 몸짓은 우리 영혼의 생명줄을 스스로 끊는 행위와 같다.

악몽

　약은 약을 만나 길항작용을 일으키고, 약물은 생체의 리듬과 어우러지거나 부딪히며 성기거나 촘촘한 파동을 생산하여 그날그날의 컨디션을 지어낸다. 미열은 색대에 볍씨 빠지듯 사라졌다.
　미열이 떠난 자리에 이제 악몽이 찾아왔다. 집채만한 바위가 산비탈을 굴러 나를 덮친다. 구르는 바위는 언제나 둘이다. 두 바위에 깔려 단말마의 비명을 지르며 죽을 때마다 놀라 잠을 깨곤 했다.
　어느 날은 바위가 솜덩이로 변했고, 또 다른 날은 두 장의 벽돌로 변했다. 두 장의 벽돌은 따로 날아들지 않았다. 언제나 끈으로 묶여 하나처럼 날아든다.
　꿈에 나타나는 모든 것은 둘이다. 둘은 둘이나 하나로 묶여 있다. 꿈에도 생시처럼 수술한 모습의 나를 본다. 상체가 위아래 둘로 나뉜 나를 본다. 나뉘긴 나뉘었으나 실로 봉합되어 하나 된 둘을 본다. 둘이 하나로 묶인 나를 본다. 분리된 하나.
　무슨 조화가 마음에 피어나는 것일까. 마음의 분열인가, 정신적 충격인가? 꿈이 무섭다. 수술 전보다 수술 후가 더 두렵고 무섭다. 왜 이렇게 밤마다 악몽에 시달리는지 울음이 터진다. 어찌하지 못하는 아내의 표정이 슬프다. 그녀도 지친 모습이 역력하다. 오래전부터 오른쪽 다리가 욱신욱신 쑤시고 아프다고 하더니 요즘은 다리에서 허리까지 통증이 계속된단다. 그래서 그런지 아침 이른 시각, 주치의와 집도의의 회진이 있기 전에 일어나 병실 정리와 청소를 마쳐야 하는데도 며칠 동안 기상 시각이 6시 40분까지 늦어진다. 그러나 간호를 계속해야 하는 아내는 검사를 받을 여유조차 갖지 못한다. 아내는 저리는 발을 끌고 다니다가 내가 다 회복된 후에야 검사를 받았다. 자궁근종 때문이라고 해서 수술을 받았다.

12월 셋째 주를 맞았다. 병세는 출렁이는 바다처럼 기복이 심하다. 상태가 호전되어 칼륨, 황달, 신장 기능, 간 수치가 조금씩 좋아져 김칫국과 우거짓국에 밥을 조금 말아 먹었다. 설사가 소강상태인 듯했으나 저녁에는 다시 극성이다. 저녁에만 6번, 낮에는 2번이다. 설사가 무려 12번이나 계속된 날이 있어 금식령이 내려졌다. 음식 대신 수혈과 링거로 보충했다. 밤새 계속 설사를 하니 몸무게가 3킬로그램이나 줄었다. 언제까지 요동을 칠지 또 낙담한다. 우울하기 그지없다.

그러나 낙담만 하다간 생명을 죽음에 건네주게 된다. 순간순간마다 나를 괴롭히고 절망시키는 어둠과 죽음의 영 앞에서 우리는 오히려 찬양했다. 어둠을 물리치고 승리하신 예수님을!

설사가 계속되면 화장실 가는 일이 고역이 아닐 수 없다. 아직 상처가 아물지 않아 혼자서 몸을 일으키지도 못한다. 나는 침상 발치에 묶어둔 끈을 당기고 아내는 윗몸을 밀어 세워준다. 침상 가드레일에 묶어둔 담즙 주머니를 풀어 손에 쥐고 침상에서 몸을 내린다. 다리가 후들거린다. 수액대에 몸을 의지해 허짓허짓 걸어가 실내화를 갈아 신고 화장실에 수액대를 밀어 넣고 변기에 앉기까지 머나먼 여행길이다. 후다닥— 화장실로 달려가야 할 설사를 이런 과정을 거쳐야 하니 화장실에 다다르기 전에 실수를 하지 않으려면 느낌이 오는 즉시 서둘러야 한다.

그러나 화장실까지 가는 긴 여정은 차라리 낫다. 문제는 변기에 무너지듯 앉으면 혼자 일어서지 못하는 데 있다. 아내에게 소리 신호를 보내면 아내가 들어와 목을 내밀고 엉거주춤한 자세로 쭈그리고 선다. 아내 목에 두 팔을 걸고 손깍지를 낀다. 아내는 부들부들 떨면서 나를 일으켜 세운다. 그렇게 하기를 하루에도 열두세 번.

물찌똥 사역을 마치고 화장실을 나서면 어떤 때는 관장이 기다리고 있다. 체내 포타슘(칼륨) 비율이 높아져 심장마비 위험이 있기 때문에 포타슘 제거 관장을 해야 한단다. 많으면 하루에 세 번, 적으면 한 번. 관장을 하면 다시 두 번쯤 화장실을 가야 한다. "오, 하나님!" 절규가 절로 터진다.

엎친 데 덮친 격이라. 내장을 다 훑어내는 극악한 구토증이 동반했다. '밥' 소리만 들어도 우-욱 하고 외욕질을 해댄다. 음식 얘기만 들어도 임산부 욕지기를 해대듯 한다. 외욕질을 한바탕 하고 나면 눈에 핏발이 곤두선다. 체중이 70킬로그램에서 49킬로그램이 되어 버렸다. BUN(혈중 요소 질소) 수치가 정상인의 10을 뛰어넘어 120까지 상승한다.

　메뉴를 양식으로 변경 신청했다. 조찬은 스프, 샌드위치, 커피, 우유, 콘플레이크, 야채가 나오고, 점심은 비프·연어 스테이크 등이 나왔다. 소용이 없다. 구토는 마찬가지다. 겨우 빵 반쪽을 먹었는데 더 이상 못 먹겠다. 한 술 먹다 토하고 또 먹다 토하는 나에게 아내는 달래기도 하고, 사정도 하고, 버럭 화를 내기도 한다.

　제발 밥 좀 먹으라고.

　할 수 없이 외부음식 반입 허가를 요청했다. 난색을 표한다. 음식의 청결 여부가 문제라고 한다. 사람이 죽게 생겼다고 간청했다. 제한적 허락이 떨어졌다. 집에서 음식을 날라왔다. 나박김치, 열무 물김치, 조기탕…헛수고일 뿐이었다. 의사 몰래 만두를 사 오기도 했다. 겨우 한 개를 먹고 체해 버렸다. 사납게 고생을 했다.

　위기는 밉광스런 뭇따래기처럼 달려들었다. 거부반응, 외부 감염, 빈혈, 설사, 과도한 포타슘(칼륨) 상승으로 인한 심장마비 위험, 황달, 백혈구의 감소, 원인 모를 혈소판 파괴, 미열…다 주워섬길 수도 없을 만큼 생명을 위협하는 증상들. 잠시도 긴장을 늦출 수 없다. 약할 대로 약해진 몸에 미열만 생겨도 몸과 정신이 정처가 없다. 침대에 붙어 있는지, 공중에 떠 있는지 알 수 없거니와, 곧 토할 것 같기도 하고 참을 수 있을 것 같기도 하고, 곧 헛소리를 내뱉을 것 같은 조리 없는 꿈인지 환상인지 알 수 없는 것들이 나를 지배한다.

　증상마다 대응조치가 심각하고 분주했다. 매 증상마다 아내와 나의 기분도 널뛰기를 거듭한다. 불안과 안도가 미세기처럼 반복된다.

전투가 치열했던 그 기간, 나는 내내 산소마스크를 달고 살았다. 아내는 70여 일, 사투를 하며 멸균가운과 마스크를 착용하고 일회용 수술캡을 쓰고 지낸다. 약을 건네줄 때는 일회용 무균 비닐장갑을 끼고, 무엇을 만질 때마다 손에 소독약을 뿌려야 한다. 병실의 감염 예방을 위해 아침저녁으로 벽, 바닥, TV, 유리창, 침대 바퀴에 이르기까지 소독걸레로 닦아야 한다. 한겨울에 환자복 하나만 걸치고 지내는 나를 위해 히터를 한껏 높여 실내는 후텁지근한데 멸균가운으로 무장한 아내는 땀방울이 송글송글 맺히도록 청소를 한다. 외부 오염된 공기가 염려되어 창문도 일체 열지 못하게 하니 탁탁한 공기가 턱에 찬다.

---

* 물찌똥: 설사할 때 나오는 물기가 많은 묽은 똥
* 밉광스럽다: 보기에 매우 밉살스러운 데가 있다
* 못따래기: 자주 나타나서 남을 괴롭히거나 일을 훼방하는 무리

침묵의 바다 (이식수술 후 실어증에 걸리다)

격리병실로 옮겨온 며칠 후 목소리를 잃어버렸다. 아무리 말을 하려 해도 소리가 나오지 않는다. 수술 후 심한 정신적 충격으로 말을 잃었고, 성대도 상한 상태였다. 게다가 힘껏 소리를 질러도 소리가 모이지 않고 수술 절개 부위 틈으로 바람이 샌다.

한 달 동안 독방은 침묵에 빠져들었다. 무균실에서 숨이 막힐 때 기도관을 잘기둥잘기둥 씹어 들어 올리고 내리는 몸부림을 하다 성대가 상한 모양이다. 병실은 후텁지근 답답하고 나는 말이 없어 실내는 적막강산 같다. 오로지 냉장고 모터 소리와 스팀 소리, 산소공급기의 보글거리는 소리뿐이다.

한 달 가까이 아내와 나는 침묵의 바다에 지리하게 떠 있다. 마치 적도 아래 무풍지대에 빠져 버린 돛배에 갇혀 축 늘어진 선원들처럼. 수술 경과까지 좋지 못해 신경은 면도날처럼 날카롭다. 간호 일기에서 아내는 이런 나에 대해 이렇게 적고 있다.

"하루 종일 남편이 단 한 마디도 말을 안 하니, 간호하고 싶은 의

욕마저 없어진다. 말을 잃어버리고 온종일 눈만 감고 있다. 좀더 힘을 내주었으면 한다. 남편에게 비애감마저 느낀다. 새벽에 막 뛰쳐나가 거리에서 소리라도 지르고 싶은 갑갑증이 난다."

수술 후 두 번째 주일을 맞은 아침, 나와 아내는 시편 103편 말씀을 읽고 둘만의 예배를 드렸다. 나는 아침부터 식사하다 말고 또 설사다. 새벽에서 아침까지 설사만 5번이다. 칼륨 수치가 치솟아 관장 2번. 아내의 일기는 계속된다.

"폭발할 것 같은 울음, 슬픔을 절제하고 다시 신선한 믿음, 하루를 견딜 수 있는 주일의 은총을 기도한다. 육신의 모습만 보아서는 도저히 사랑할 수 없는 남편을 하나님의 영으로 보듬고 사랑하며 섬기는 지금이, 예수님의 사랑을 몸소 실천해 보는 시간이 아닌가 한다. 너무나 지겹고 기가 막힌 침묵의 연장선 속에서 주님의 십자가의 침묵을 알 수 있을 것 같다. 지금 나의 희생이 내 남편을 뭇 영혼을 영생으로 인도하는 주의 종 또 교회를 세우는 인내의 시간이라면 무엇을 못 하랴!"

> "내 영혼아 여호와를 송축하며 그 모든 은택을 잊지 말지어다 저가 네 모든 죄악을 사하시며 네 모든 병을 고치시며 네 생명을 파멸에서 구속하시고 인자와 긍휼로 관을 씌우시며 좋은 것으로 네 소원을 만족케 하사 네 청춘으로 독수리 같이 새롭게 하시는도다"(시편 103:2-5).

내가 말을 잃어버리고 지내는 동안 아내는 많은 시간을 병실 바닥에 무릎을 꿇고 벽을 향한 채 찬양을 한다. 침묵의 바다를 헤치고 나아가는 함선의 기적소리랄까? 나지막히 흐르는 아내의 찬양을 끝없이 듣는다. 아내는 자기 가슴에 묻어둔 기도를 그렇게 풀어내고 있나 보다.

찬양은 계속되었다. 그러던 어느 날 나는 그만 소스라치게 놀라고 말았다. 아내가 부르고 있는 노래 가사가 나를 화들짝 놀라게 한 것이다. 아내는 노래했다.

1.
나 어젯밤에 잘 때 한 꿈을 꾸었네
그 옛날 예루살렘 성의 곁에 섰더니
허다한 아이들이 그 묘한 소리로
주 찬미하는 소리 참 청아하도다
천군과 천사들이 화답함과 같이

나는 내 귀를 의심했다. 노래의 가사가 내가 무균실에서 보았던 환상을 설명하고 있었기 때문이다.

나 어젯밤에 잘 때 한 꿈을 꾸었네
(몽혼과 혼미가 지배하고 잠과 깸이 교차하던 시간, 나는 환상을 보았네)

그 옛날 예루살렘 성의 곁에 섰더니

(그 높은 성벽, 금으로 변한 성의 곁에 섰는데)

허다한 아이들이 그 묘한 소리로

(강강술래를 돌던 작은 아이들이 내가 알 수 없는 묘한 노래를 부를 때)

주 찬미하는 소리 참 청아하도다

(청아한 음악 소리가 성벽 높은 곳에서 울려 퍼진다)

천군과 천사들이 화답함과 같이

(그 천상의 음악 소리는 마치 천군 천사의 합창같이 나팔 소리같이)

나는 귀를 쫑긋 기울이며 계속 2절을 들었다.

2.
그 꿈이 다시 변하여 그 길은 고요코
호산나 찬미 소리 들리지 않는다
햇빛은 아주 어둡고 그 광경 참담해
이는 십자가에 달리신 그때의 일이라(×2)

후렴: 예루살렘 예루살렘 그 거룩한 성아
　　　호산나 노래하자 호산나 부르자 :‖

그 꿈이 다시 변하여 그 길은 고요코
(이제 장면이 변하여 왼쪽 화면이 눈에 들어오고)

호산나 찬미 소리 들리지 않는다

(그곳에서는 찬미 소리는 들리지 않고 시끄러운 음악 소리만 들리는데)

햇빛은 아주 어둡고 그 광경 참담해

(어두운 조명 아래 담배 연기 가득 찬 술집에서 한 젊은이가 고개를 떨군 광경)

이는 십자가에 달리신 그때의 일이라

이는 십자가에 달리신 그때의 일이라

예루살렘 예루살렘 그 거룩한 성아

호산나 노래하자 호산나 부르자 :‖

아내가 부른 노래는 '거룩한 성'이라는 찬양이었다. 이 노래가 내가 궁금해했던 환상의 의미를 설명해 줄 줄이야…. '거룩한 성' 3절은 이렇게 맺고 있다.

그 꿈이 다시 변하여 이 세상 다 가고

그 땅을 내가 보니 그 유리 바다와

그 후에 환한 영광이 다 창에 비치니

그 성에 들어가는 자 참 영광이로다

밤이나 낮이 없으니 그 영광뿐이라

그 영광 예루살렘 성 영원한 곳이라

이 영광 예루살렘 성 참 빛난 곳일세

예루살렘 예루살렘 그 거룩한 성아 호산나 호산나 호산나 부르자
호산나 노래하자 호산나 호산나

  3절 가사에서 내 귀에 들어와 박힌 말은 "그 성에 들어가는 자 참 영광이로다"였다. 나는 환상을 통해 죽음 뒤에 내가 들어갈 천국의 영광을 알았다. 말을 하지 못하던 나는 목소리 대신 손으로 병상 가드레일을 두드리며 아내의 주목을 끌었다. 아내가 나를 돌아보았을 때, 나는 오른손 검지를 들어 '다시 한 번'을 요청했다. 의아한 아내가 순간 멀뚱하게 쳐다보다가 내 제스처의 의미를 알아차리고 다시 노래하기 시작했다.

그렇게 두 번째가 끝나고 나는 '다시 한 번'을 또 요청했다. 그렇게 다섯 번 '앵콜'을 청했다. 눈물이 쏟아졌다. 아내가 놀라 왜 그러느냐고 계속 물었다. 그 긴 얘기를 필담으로 할 수도 없었다. 그래서 그냥 '노래가 좋아서'라는 뜻을 제스처로 전해주었다. 바로 그 순간 우리 부부가 함께 있던 병실의 독방은 고통의 복판이 아니라 'The Holy City', 곧 '거룩한 성'이 되었다.

크리스마스 캐럴

　격리병실은 나를 세상과 격리시켜 놓고 있다. 내가 세상과 닿아 있는 것은 오직 창문이다. 아내와 나는 격리실에 '감금'당해 있으면서 12월 20일 결혼 13주년을 맞았다. 축하해 줄 말도 없고, 선물도 없다. 이렇게 지긋지긋한 간호를 하게 하는 남자와 결혼한 것을 축하한다고 말할 엄두가 안 난다. 결혼기념일, 아내는 병실을 떠나 혼자 이사 준비를 해야 했다. "결혼할 땐 이런 일을 상상도 못 했는데, 서러워 속으로 펑펑 울었다"고 일기에 적고 있다.

　옴짝달싹하지 못하고 누운 채 언제나 같은 각도에서 내다보는 창은 늘 고정된 그대로다. 그래도 바깥 풍경은 생명을 확인시켜 주는 유일한 위안이다. 하나님이 위로차 내게 보내신 크리스마스 카드같이 여겨진다. 앞 병동의 회색 콘크리트 벽, 그 어깨를 짚듯 걸쳐 있는 야산, 여백을 채운 시린 하늘에 하얗게 뭉쳐 일어나는 난방 연기.

간간이 눈 쌓인 자드락길을 넘는 사람들의 몸짓이 부럽기만 하다. 창틀에 투영되는 풍광은 지리감스럽긴 해도 생명의 욕구를 자극한다. 나는 창밖의 세상에 여전히 속하고 싶어 죽음과 싸우고 있다. 생의 바다에 얼마를 더 머물지 모른다 해도.

창에 비친 세상은 마치 무성영화 같다. 움직임은 보이나 소리는 귀에 닿지 않는다. 눈을 감고 누워 연말 거리 풍경을 뇌로 느낀다. 세밑 겨울의 추위와 가로수를 장식한 밥풀전구의 화려함, 조금은 들뜬 사람들의 마음과 성탄 캐럴을 뇌의 회상 작용을 통해 듣고 느낀다. 몸은 병상에 갇혀 있으나 회상의 광선은 시간과 공간의 제한을 넘어 어디로든 뻗어나간다. 감사하고 다행스러운 일이다. 하루 종일 명동거리도 싸돌아 다니고, 한 길 무릎이 빠지는 눈 덮인 설악산도 다녀오고, 유럽도 휘젓고 다녔다.

내 곁에서 간호하며 독방을 지키던 아내는 24일 아침 성탄예배를 드리기 위해 모처럼 외출을 했다. 아내가 교회를 찾는 이유가 어디 있겠는가? 오늘은 작심하고 갑갑한 마음을 털어놓으며 하나님과 나눌 대화가 많겠지…. 성탄. 예수가 오신 날이니, 길목을 지켜 서서라도 그분을 붙들고 남편의 생명을 하소연하고 싶은 마음이 굴뚝 같을 것이다.

아내 없이 지내는 시간은 지루하다. 세월은 쏜살같이 지나가는데 시간은 이리도 더디 흐른단 말인가? 공상도 지쳐갈 무렵, 인기척 소리가 났다. 병실 문이 열리고 아내가 들어섰다. 그렇게 보고 싶던 아이들이 함께 왔다. 하루에도 몇 번이고 보고 싶은 아이들이니 며칠

만 보지 못해도 하세월이 흐른 것 같다. 벌떡 일어나고 싶어도 일어날 수 없다. 바깥 '오염된' 세상에 다녀온 아내와 아이들이 병실 안 감염 방지 경계선 때문에 덥석 들어오지 못한 채 좁은 입구에 몰려서서 이내 노래를 부른다. 캐럴! 크리스마스 캐럴이다! 그래, 저들은 지금 캐럴링하는 천사들이다.

    기쁘다 구주 오셨네 만백성 맞으라
    온 교회여 다 일어나 다 찬양하여라
    다 찬양하여라 다 찬양 찬양하여라

    온 세상 죄를 사하려 주 예수 오셨네
    죄와 슬픔 몰아내고 다 구원하시네
    다 구원하시네 다 구원 구원하시네

아이들은 캐럴 중에도 연신 아빠의 병세를 살피느라 여념이 없다. 아빠에게 얼마나 살 소망이 남아 있나 보는 듯하고, 더욱 소망의 기치를 높여 줄 것을 당부하는 것 같기도 한 표정이다. 고개만 모로 돌려 아이들의 천사 같은 노래에 감격의 눈물을 흘렸다. 그 캐럴이 다 끝나도록. 노래를 끝내고 아이들이 각자 준비한 크리스마스 카드를 꺼내 건네주었다. 아빠의 빠른 회복을 기원하는 아이들의 간구가 쓰여 있다. 병 중에서도 너무나 행복한 시간이다. 아내가 이런 깜짝 선물을 주기 위해 외출하였구나 생각하니 속 깊은 아내가 감사하다.

건강을 회복한 후 어느 날 아이들이 주었던 크리스마스 카드를 다시 보고 아이들과 '그날'을 회상하는데 작은아이가 불쑥 한마디를 던졌다. "형, 그때 크리스마스 카드 사려고 문방구 돌아다닐 때 엄청 추워서 죽는 줄 알았지, 그치?" 이날은 아내의 생일이었다. 그리고 내 상태가 다시 위기 상황에 빠진 날이었다.

* 지리감스럽다: 보기에 같은 상태가 오래 계속되어 싫증이 나고 따분한 느낌이 있다

재수술

멀거니 바라보는 창밖에 낮과 밤이 명멸한다.
달이 지면 해가 뜨고, 해가 꺼지면 달이 부풀어 오른다.
세월은 생명에 개입한다.
군주처럼 묵묵히 생명을 거느리고 흐른다.
때를 따라 생명을 뿌리고, 때를 맞춰 생명을 거둔다.
하나의 묵은 생명도 흘리는 법이 없이 모두 거두어들이며 흐른다.
그러면서 세월은 또한 생명과 무관하게 흐른다.
세상은 소란스럽게 변개해도 세월은 잠잠하다.
내가 없고 네가 없어도 내일 해는 어김없이 뜬다.
탄생과 죽음에 조금도 아랑곳하지 않는다.

레마르크의 소설 《서부전선 이상 없다》는 하나님의 의도를 묻게 한다. 17세의 소년 학도병 파울 보이머가 학우들과 함께 전선에 투입된 몇 년 동안 학우들이 하나 둘씩 죽어 갔다. 그토록 고대하던 종전을 목전에 둔 1928년 10월 어느 날, 학우들 중 마지막까지 살아남은 그마저 마침내 전사하고 만다. 그날의 상황보고서에는 "서부전선 이상 무, 보고 사항 없음"이라고만 적혀 있다.

보이머의 이야기는 나의 이야기다. 나 하나 없어도 '세상에 이상이 없다.' 그런데 하나님은 왜 나를 세상에 보낸 것일까? 왜 내가 이 세상에 아직 살아 있는 것일까? 창조주는 내게 생명을 주시고 무엇을 원하시는가? 세상이 나와 당신을 꼭 필요로 하는 이유가 있을 것이다.

그런데 나는 이제껏 그 이유를 알고 달려왔는가? 무엇을 잡으려고 달려왔던가? 불혹의 나이에 한 평 병상에 앉아서야 비로소 삶의 의미를 묻는 나는 못나도 한참 못난 사람이다. 어리석기 그지없는 인생이다. 잘못 살아온 인생이다. 하지만 이제 후회해 본들 어찌하겠는가.

달이 부풀었다 꺼지고 이지러든다. 수술 후 고통스러운 한 달이 느릿느릿 지나간다. 장작처럼 마른 등이 배기기 시작한다. 어깨뼈, 엉덩뼈 부위가 칼로 쑤시듯 아프다. 욕창이 생기면 약도 없다는 경고를 받았다. 등을 뒤척여 본다. 침대 가드레일을 앙상한 팔로 덜덜 떨면서 붙들고 모로 눕곤 했던 것이 진티가 되었다.

좌우로 움직인 탓에 담즙관에 연결한 C 튜브, T 튜브에 문제가 생겨 담즙이 아직 채 아물지 못한 수술 부위를 타고 체외로 유출되고 복부에는 더 많은 담즙이 고이게 되었다. 위와 장이 운동을 멈추어 버렸다.

엑스레이를 찍어보니 장 내에 고인 가스로 위와 장이 두 배씩 부풀어 올랐단다. L 튜브를 삽입하느라 소동이 일었다. 튜브를 삽입하는 의사와 그것을 받아 삼키는 환자의 호흡이 잘 맞아야 했다. 코와 목구멍을 통과하는 고무호스의 이질감으로 구역질을 수십 번 하고야 호스를 겨우 삼킬 수 있었다. 주사기로 위장 내 가스와 음식 찌꺼기를 뽑아냈다. 삭다 만 찌꺼기가 가스와 함께 빨려 나온다.

L 튜브로는 증세의 호전이 없다. 재수술을 해야 할지 모른다는 말이 떠돌기 시작한다. 며칠을 두고 결단을 못 내리고 갈등을 겪고 있는 모양이다. 증상은 악화되는데 결단은 미루어지고 있다.

1999년 12월 31일, 천 년이 막을 내리는 저녁. TV는 다가오는 새 천 년을 축하하며 세계 130여 국의 축제를 위성으로 연결하고 있다.

밤 8시 반경, 퇴근했던 주치의가 2차 수술을 결정했다. 수술팀이 긴급 호출되었다. 나는 다시 침대에 실려 흐르는 천장을 바라보며 수술실로 실려 갔다. 첫 수술 후 36일 만이었다.

두 명의 의사와 서너 명의 간호사가 대기하고 있었다. 두 번째 수술대에 옮겨졌다. 투병의 짐이 너무 가혹하다. 이번에는 첫 번째보다 승산이 더 없어 보였다.

"Y2K가 세 시간밖에 안 남았네."

한 의사가 다른 의사를 향해 농을 건넨다. 팽팽한 긴장감을 줄이기 위한 말이었다. 그 말에 오히려 몸이 응등그러진다. 마취가 시작되었다. 마취의는 예의 '좋은 공기'라고 크게 들이마시라고 했다. 이

번에는 주사가 없었다. 들숨 한 번에 나는 다시 깃털처럼 날아올랐다. 조금은 익숙한 두 번째 흑암으로의 날아오름이었다.

9시부터 시작된 수술이 11시 30분에 끝났단다. 막 아물던 봉합 자리를 다시 가르고 배 속에 차 있는 담즙을 식염수로 씻어냈다고 한다. 고인 담즙이 복막염을 유발했다. 소생 가능성 10퍼센트. 몇 시간만 지체했어도 생명을 잃을 뻔했다.

2000년 1월 1일 0시. 세월이 몸을 뒤척여 한 밀레니엄의 벽을 넘는 순간 나는 중환자실 유리 무균실에서 무의식 속에서 새 천 년을 맞았다.

하루인지 이틀인지 시간 감각을 잃었다. 다시 격리병실로 올라왔다. 일주일 늦게 수술한 옆방 환자는 일떠나서 퇴원하고 없다. 아내가 한숨을 쉬었다. 또 한 달을 지내야 한다. 금식 명령이 내려졌다. 장을 흔들어 놓아서 제자리를 찾을 때까지 한 모금의 물도 허용되지 않는다. 한 모금의 물을 애걸했다. 허용되지 않았다. 2~3일이 지났다. 단내나는 호흡으로 입이 튼다. 첫 가스가 나온 후 마침내 약간의 물이 허락되었다. 타는 목마름에 고통당하던 사슴이 한 모금 시냇물에서 얻는 평화가 이런 것인가!

단배 주려 구쁜 때라 무엇이든 탐하였지만 막상 음식을 받고 보니 난데없는 외욕질이 밀려왔다. 빈사 상태에 이르렀다. 쇄골대정맥에 고단위 영양제를 달았다. 3일이 지나자 영양제 주사를 걷어냈다. 주사한 자리에 염증이 생겨 신열이 났기 때문이다. 영양실조보다 감염이 더 치명적이란다.

　의사가 심각한 경고를 해왔다. 살아나는 방법은 입으로 먹는 수밖에 없단다. "영양실조로 이식한 간이 퇴행 증상을 보인다. 3일 남았다. 쑤셔 넣더라도 먹어라." 덧붙여 얘기했다. "의사로선 할 일을 다했다. 이제 살고 죽는 것은 환자에게 달렸다."
　아내는 충격을 받았다. 밥과의 전쟁이 선포되었다. 밥이 무섭다. 하루 세 번, 배식요원들의 노크가 겁난다. 먹을 것이 없는 것도 고통이지만, 있어도 먹지 못하는 고통 또한 심각하다. 한 술 뜨고 토하면 또 한 술을 떠 넣었다. 열 수저를 토하고 한 수저를 삼킨다. 한 수저라도 링거보다 낫다. 울면서 밥을 먹었다. 맞기 싫은 매는 맞아도, 먹기 싫은 음식은 못 먹는다. 아내도 끼니마다 울었다. 어떻게 한 수술인데 왜 그러냐며 밥알 한 톨이라도 넘기길 눈물로 호소했다. 3일째는 밥 한 톨을 넘기는 데 필사적이었다. 그럭저럭 위기를 물리쳤다.

　* 응등그러지다: 춥거나 겁이 나서 몸이 움츠러지다
　* 일떠나다: 기운차게 일어나다
　* 구쁘다: 배 속이 허전하여 자꾸 먹고 싶다

불면증 – 밤샘 대화

눈썹씨름하는 밤은 낮보다 의식이 또렷하다. 먹이를 낚아채려는 맹금처럼 부릅뜬 눈으로 시간을 꼽다. 까만 밤, 빨간 디지털 숫자판은 맹금의 발톱에 걸린 먹이처럼 얼어붙어 있다.

지켜보는 시간은 오히려 더디 흐른다. 속도와 흐름은 어디 없는가? 정(靜)을 부수는 동(動)을 찾는다. 움직임을 보아야 질식을 면할 것 같다.

까만 밤, 손가락만 한 비상등이 흘리는 한 줄기 흐린 빛 속에서 동(動)을 발견했다.

똑, 똑, 똑…떨어지는 수액 방울.

세어라. 한없이 세어라. 한 병에서 몇 방울이 나오는지 세어보자. 하나, 둘, 셋, 넷, 다섯, 여섯, 일곱, 여덟, 아홉, 열, 열하나…스물…오십…백…천….

방울방울 움직임에 밟혀 시간의 톱니바퀴가 돈다. 작은 톱니바퀴는 더 큰 톱니를 돌리고, 큰 톱니는 지축의 톱니를 돌린다. 방울의 낙차를 따라 지구가 돌고 태양도 돌고 우주도 흐른다.

  흘러라. 서둘러 흘러라. 흐를 만큼 흘러라.

  얼마나 흘렀나? 빨간 자판을 바라보고 흑- 하고 탄식을 지른다. 천을 세어도 17분. 10시부터 밤을 꼬박 새우려면 8시간, 480분을 세어야 한다. 어찌 다 세나?

  "양을 열 마리 세면 잠이 온다"는 말은 엉터리다. 방울을 세고 나니 정신만 더 말똥말똥하다. 까만 밤을 통으로 새운다. 하루, 이틀, 사흘. 불면의 고통은 자살의 충동을 부를 만큼 억세다. 왜 없던 불면증이 생기는 걸까?

  수면제를 요청했다. 견딜 수 있으면 안 먹는 편이 좋다고 했다. 견딜 수 없다고 했다. 10시 이후 늦은 시간 수면제 복용은 밤낮을 바꾸기 때문에 피하라고 한다. 날밤을 새고 낮새껏 정신없이 자게 되면 더 날짝지근하기만 하단다.

  수면제 없이 견디는 밤, 칠성판에 못 박힌 송장처럼 모로도 눕지 못하는 상황에 혀라도 깨물고 잠들고 싶다. 이렇게 고통스러울 줄 알았더라면 수술을 받지 않는 건데···. 관자놀이에 손가락 권총을 대고 방아쇠를 당기는 '상상 자살'을 몇 차례나 했다. "이럴 바엔 차라리···." 불평이 채 끝나기 전에 하나님이 파고들었다.

  "너 참 행복에 겨웠구나."

"이제 고통을 견디는 것도 한계가 왔어요."
"너, 사명이 있으니 살아야겠다고 하지 않았니?"
"그렇지만 도대체 언제까지 견뎌야 합니까?"
"이 세상엔 너보다 몇 갑절 더 괴로움을 당하는 사람들이 셀 수도 없이 많단다. 네가 그런 고통의 체험도 없이 감히 그들을 위로한다구?"

말문이 막히기 시작했다. 하나님은 나를 끝까지 추궁하셨다.
"너, 목사가 되고 싶다고? 능력 없는 목사, 능력 있는 목사?"
"능력 있는 목사요."
"그러면 네가 당하는 불시험을 이상히 여기지 마라. 불시험의 카드를 뒤집어 보면 거기엔 '능력'이라는 금카드가 숨어 있다."

순간 모든 고통이 가벼워졌다. 무거운 멍에가 쉬운 멍에가 되었다. '고난이 무익한 줄로만 알았는데 고난은 남의 고난을 이해하고 위로할 힘을 얻게 하는구나.' 나는 곧 회개했다. 기증자의 죽음을 헛되게 하는 배부른 불평을 경계하자. 고난은 하나님의 일을 하는 사람들에게 오히려 유익이다. 루터가 고난을 스스로 초청했다는 말의 의미를 내가 이제 알겠다. 나는 초청은 못할지언정 내게 닥친 고난을 뚫고 가자.

터널 끝

　동이 트려면 아직 이른 시각, 새벽 4시면 당직 간호사가 손전등을 들고 밤사이 상황을 점검한다. 이어 5시, 바이탈 사인(Vital Sign) 체크. 6시 30분, 외과 전공의 회진.
　수술 부위 드레싱을 하러 오는 외과 전공의의 옷깃에 묻어오는 어둑새벽 외부의 차가운 공기에 살아 있는 계절의 꿈틀거리는 생동감이 코끝에 찌릿하다. 인공으로 공급받는 산소보다 자연의 산소 맛이 더 상큼하다.
　밤마다 난방과 습도의 균형을 유지하느라 몸살이다. 온도를 낮추면 감기에 걸리고, 올리면 코와 입이 말라 찢어진다. 밤새 두세 번 난방 버튼을 조절해야 하나 조절기가 발치 끝에 위치해 있어 마음대로 몸을 일으키지 못하는 나는 그때마다 아내를 깨워야 하는 번거로움 때문에 참고 지내는 날이 많았다.
　감염의 우려 때문에 엑스레이를 찍으러 방사선 촬영실로 내려가는 대신 이동식 엑스레이 촬영기가 병실을 방문하고, 가습기에도 간호실에서 제공하는 증류수만 넣었다. 이동식 엑스레이 촬영기로 촬영할 수 없는 경우에만 1층 외래 방사선실로 촬영하러 갔다. 그럴 때면 특수 방진 마스크에 담요로 몸을 감싸고 머리에 일회용 캡을 쓰고 다녀오곤 한다. 아내는 아침과 오후 두 차례 병실의 구석구석을 소독액으로 청소하고, 매끼 약을 건네줄 때도 일회용 비닐장갑을 사용해야 한다.

감기를 염려해 머리를 자주 감지는 못하지만 머리를 감을 때는 환자를 침대에 누인 채 머리를 감길 수 있는 특별 이동식 기구를 사용한다. 나는 워낙 체력이 소진된 상태로 수술을 받았기 때문에 수술 후에도 경과가 썩 좋지 않았을뿐더러 재수술까지 받게 되어 남보다 곱으로 오랫동안 1인실에 머물렀다. 그렇게 70일을 지낸 후 상태가 어지간해졌지만 여전히 담즙 주머니는 제거하지 못했다. 더 이상 견딜 수 없었다. 아직 가녈가녈한 몸이지만 퇴원을 강청했다. 70일간의 독방 신세가 신물이 나서였다. 마지못한 퇴원 동의가 떨어졌다. 퇴원은 하되 이틀에 한 번씩 통원 치료를 받기로 하는 조건과 함께. 그래도 감사했다. 얼마 동안 그렇게 했다. 매우 번거로운 일이었지만 갑갑증과 병원비를 생각하면 그 편이 나았다.

2000년 2월 2일. 퇴원하는 날이다.
고대하고 고대하던 날이다.
무슨 말로 감격을 다 말하랴.
목숨을 담보하고 목숨을 건지기 위해 들어왔던 병원을 새 생명을 얻어 나가게 되었다.

감사하자. 나보다 가볍게 일떠나 퇴원한 사람도 많지만, 병원을 나가지 못하고 명을 달리한 사람도 있음을 생각하자.

어느 날인지, 아침마다 드레싱을 오던 외과 전공의가 오질 않았다. 오후가 되도록 소독을 못 한 수술 부위에서 썩는 냄새가 났다. 대신 인턴이 오후 늦게 드레싱을 해주었다. 다음날 아침에도 전공의가 오지 않았다. 간호사에게 이유를 물었다. 그녀가 풀이 죽어 일러주었다. 옆 병실 간이식 환자가 위독해 모든 외과의가 중환자실에 묶여 있다고.

그 환자는 고등학생인 아들의 간을 제공받아 나보다 일주일 늦게 수술을 받았다. 수술 전 같은 병실에서 여러 날 함께 지낸 분이었다. 입시도 포기하고 아버지를 살려보려던 아들의 헌신이 헛되이 되었다. 아이의 얼굴이 떠올라 가슴이 미어졌다. 그에 비하면 나는 감사할 조건이 많구나!

아내가 퇴원 수속을 밟고 있는 동안 병상에 걸터앉아 지난 70일, 아니 5년을 회고했다. 후회와 감사, 안도와 낯선 긴장, 기대와 염려 그리고 감격. 뒤섞인 감정이 추억 창고의 틈을 비집고 가슴 밖으로 분출한다. 가슴이 쌔-하게 시리다.
아내에게 무언가 감사의 말 한마디 해주어야 한다고 생각했다.
한마디.
참 무모하기도 하다. 그 서리서리 얽힌 사연을 '한마디'로 풀어내려는 나의 시도가 무모하다. 세상 어느 인간의 언어 중에 가슴의 한 모퉁이라도 제대로 담아낼 말이 있더란 말인가?

'한마디' 말로 형용할 수 없는 지난 노고를 무참하게 하느니 차라리 침묵이 낫지 않을까? 침묵은 금이요 웅변은 은이라 했으니 말이다. 아내에게 '말 보은' 하는 것도 넉넉하지 않은데 어찌 하나님께랴!

내 가슴에 휘휘 도는 감정 하나 표현하지 못하면서 하나님께 드려야 할 감사를 어찌 다 하랴. 간사한 언사는 그만두자. 언어의 한계에 부딪혀 그만 밀려 나오는 한 방울 눈물을 억지로 되잡아 밀어넣는데 아내가 병실로 들어섰다. 그런데 그만 아내를 보고 나도 제어할 겨를 없이 불쑥 말이 튀어 나갔다.

"여보, 당신을 존경하오."

밑도 끝도 없는 말에 아내가 웃어야 할지, 울어야 할지 기묘한 표정을 짓는다.

생명을 담보하고 새 생명을 얻어 나가는 격리병실 5층 204호실. 내 인생에서 결코 지울 수 없고 잊을 수 없는 70일을 보낸 방이다. 죽음의 파죽 공세가 거칠었던 전쟁터였고, 그 공세를 다 물리치고 마침내 승리의 깃발을 높이 내걸도록 허락하신 하나님의 은혜가 쏟아진 방이기도 했다.

이런 추억이 배어 있는 방에 잊지 못할 또 하나의 가슴 아픈 추억이 있다. 내가 간경변을 앓던 초기, 극동방송 '하나 되게 하소서'의 취재 기자로 활동하던 아내가 교계 거목과 같은 목사님들의 개척 비화를 취재하던 중 심군식 목사님을 만나게 되었다. 아내를 통해 내 사정을 알게 되신 심 목사님께서는 나의 투병 중 열심히 찾아

오시고, 기도해 주신 분이었다. 당시 심 목사님은 고신 총회 총무직을 맡고 계셨던 교계의 큰 어른이셨다. 아동문학 작가이시며 성품이 인자하셨던 목사님은 19년 동안 한센병 환우들을 대상으로 목회를 하셨다. '19'라는 숫자에는 숙연한 사연이 있다. 한센병 환우 목회 20년을 하신 분에게는 그들 교회에서 연금을 드리도록 되어 있는데 목사님은 "어렵게 살아가는 한센병 환우들이 몽당손으로 모은 피눈물 나는 돈을 받을 수 없다" 하시며 1년을 남기고 자진 사임해 버리셨다. 콧등이 찡해지는 이야기다.

19년간의 힘든 목회로 목사님은 간경변이라는 병을 얻기도 했다. 그러고도 하나님의 은혜로 그 후 20년이 훨씬 넘도록 목회를 감당해 내셨다. 그분이 어느 날 댁으로 나를 부르셨다. 간절한 기도와 함께 자신의 투병 체험을 들려주시고 교단의 바쁜 일 중에도 수시로 병원으로 나를 찾아와 기도해 주셨다. 수술 후 1인 격리실 5204호실에서 막바지 투병을 하고 있을 때도 목사님은 사모님과 함께 수시로 찾아오셔서 위로와 기도를 보태주셨다.

그런데 내가 퇴원 후 건강이 한결 회복되었을 때, 목사님께서 갑자기 피를 토하며 쓰러지셨다는 전갈이 왔다. 목사님은 간암과 위암 판정을 받으셨는데 온몸에 암이 번져 손을 쓸 수 없을 정도가 되었단다. 급히 목사님을 찾아뵈었을 때 목사님은 내가 수술 후 70일을 지냈던 바로 그 병실에 누워 계셨다. 내가 누웠던 그 침대, 얼마 전까지만 해도 그 침대에 누워 있는 나를 찾아와 기도와 힘을 주셨던 목사님. 이제 내가 그분을 문병하러 다녔다. 아이러니가 아닐 수 없었다. 목사님은 며칠을 지내지 못하시고 하나님의 부름을 받으셨다.

5204호실을 떠나며

차가 병원문을 나서 반포대교를 건너 강북도로를 타고 광나루 쪽을 향해 달린다. 이 얼마나 학수고대하던 날인가? 마치 오랫동안 해외 출장을 다녀온 사람처럼, 전선에서 살아 돌아온 병사처럼 하늘과 땅과 흐르는 한강 물을 신기한 듯 둘러본다. 매연마저 상쾌하다. 하늘은 푸르고 공기도 달다. 저기 병실에 남겨두고 온 환우들도 모두 일어나 환호를 지르며 나오려무나! 육신의 생명을 되찾는 기쁨도 이러할진대 영원한 생명을 얻는 영생의 기쁨은 어떠할까?

퇴원하던 날 음반작업의 디렉터인 장기호 씨가 시간을 내어 차로 픽업해주고 뒷춤을 잡고 계단을 올려주었다. 아직 계단 하나 내 힘으로 오르지 못할 정도로 다리의 근육이 모두 말라버렸다.

광장동의 새로 이사한 집에 도착했다. 드디어 꿈에 그리던 집이다. 한강이 내려다보이는 전망이 아주 좋다. 내가 다시 살아나 장신대 신대원을 다니게 되리라는 믿음 하나로 일산에서 장신대 앞으로 이사한 집이다.

그 집은 또 하나님이 예비하신 집이었다. 집을 구할 때 가진 돈이 너무 적어 우리는 그 동네에서 집 한 칸 마련할 수 없었다. 그런데 동네 부동산 중개소를 다 뒤지고 다니던 끝에 우리 형편에 맞는 집을 딱 한 곳 찾은 것이다. 사실 그 집도 돈이 모자라 빚을 얻어 들어간 집이었다. 여하튼 죽음에서 건짐을 받고 새 생명을 안고 돌아온 첫 집, 하나님이 장신대 신대원 앞에 예비하신 집, 그 집은 은혜의 집이요 감격의 집이었다.

집에 들어서니 실내가 온통 하얗다. 청결한 이미지를 주었다. 감염 우려가 없는 깨끗한 집을 마련하는 것이 좋겠다는 의사의 권유 때문에 10년이 넘은 낡은 집을 새집처럼 공사했던 것이다. 현관에는 전통 창살무늬 조명등을 달아놓고, 강이 내려다보이는 베란다에는 커다란 장식용 백열전등을 달아 운치를 더했다. 현관에 들어서니 아이들이 꾸며 놓은 'Welcome'이라는 환영 인사가 살아 돌아오는 나를 맞이한다. 이사와 공사와 장식에 모두 아내의 배려와 수고가 배어 있다. 이런 가족을 주신 하나님께 감사하다.

수술실에 들어가기 전, 나는 살아 돌아갈 것을 믿고 광장동 장신대 앞에 집을 얻도록 했다. 집에서 생활하면서 되도록 방문객을 받지 않았다. 감염 예방을 위해서였다. 실내에서도 방진 마스크를 착용하고, 학교에 다녀온 아이들은 집에 들어오면 제일 먼저 소독액으로 손을 씻었다. 겨우내 가족들은 가벼운 감기도 걸리지 않으려고 애를 썼다. 수술 부위 소독과 담즙을 비우는 일은 내가 손수 했다.

이틀에 한 번 가는 통원치료는 방학 중이던 당시 초등학교 6학년 큰아이가 동행해 주었다. 길을 건너고 계단을 올라설 때는 아이가 허리춤을 잡고 도와주었다. 얼마 지나자 일주일에 한 번, 그리고 다시 2주일에 한 번, 달포에 한 번으로 통원의 주기가 늘어났다.

3부

삶의 신학화

재입원

감격스러운 퇴원을 한 지 한 달이 채 못 되어 다시 입원하였다. 2000년 2월 25일, 수술한 지 만 석 달이고 퇴원 날로부터는 23일째. 아직 수치의 기복이 심하다. 간염 수치가 GOT 44, GPT 200으로 가파르게 상승했다. 발등의 부종이 심해지고 담즙의 분비가 200cc 이하로 급격히 감소했다. 수술 후 석 달이 지났지만 아직 담즙 배설 주머니를 달고 다녔다.

주치의의 강력한 권고로 다시 격리실에 입원했다. 일반 병실에 입원했다가 병원 감염이라도 생기면 이식수술 자체가 허사가 되기 때문이다. 단순한 거부반응인지, 다른 복합 요인이 있는지 정밀검진이 필요하단다. 하루 병실 사용료만 20만 원이니 보름만 입원해도 280만 원이다.

낙담이 악어처럼 입을 쩍 벌리고 나를 삼키려 한다. 뭐가 잘못되어 가는 것일까? 착잡하다. 아내 볼 낯이 없다. 또 집과 병원을 오가며 아이들 뒷바라지와 간호를 해야 한다. 광장동과 강남 사이를 지하철과 버스를 몇 번씩 바꿔 타면서 다녀야 하는 고된 삶이 반복되었다.

> 마음이 정처 없기가 바람에 뒹구는 낙엽 같다.
> 바람이 부는 대로 내 마음을 맡겨둘까.
> 폭풍우가 치는 대로 맞아볼까.
> 그러나
> 저만치 날 부르는 소리 있네.
> 두려워 말라.
> 내 등을 붙드는 손길이 있네.
> 내게 말씀하시네.
> 네 짐 내가 대신 지고 갈 거라고.

선잠을 자고 아침에 일어나 산디문(면역억제제) 175mg, 델타손 60mg(12알), 이뇨제 라식스 1/2정 복용. 델타손 복용량이 너무 많은 편이다. 오래 먹으면 당뇨를 유발한다는데 걱정이다. 그렇다고 이 약을 줄이면 거부반응 수치가 상승하니 도리가 없다.

토요일이라 주치의의 회진도 없다. 병원이 한산하고 썰렁하다. 황달 수치 2.4로 정상의 두 배 이상 상승. 주말은 별다른 치료 없이 비싼 병실비만 더하게 된다.

초등학교 3학년 현준이가 수학경시대회에 참여하고 시험을 잘 보았노라고 병실로 전화를 했다. 요즘 영어 공부에 신명이 나 있단다.

저녁에는 뚝섬 할머니 댁에 가서 할아버지의 28차 추모예배를 드린다고 한다.

증세는 믿음과 다른 방향을 향하고 있다. 여기에 신앙의 갈등과 좌절이 있다. 왜 환경은 믿음대로 되지 않는 것일까? 주일의 한적한 시간에 긴 묵상을 해본다.

마음에 들려오는 작은 소리가 있다.

신앙은 느낌이 아닙니다.
말씀 위에 바로 서는 것입니다.
믿음은 기분이 아닙니다.
역경의 바람 와도 굳게 서는 것입니다.
믿음의 길은 혼자 가는 길이 아닙니다.
주와 함께(cum deo) 걷는 길입니다.
그래서 외롭지도 두렵지도 않습니다.

삼일절 휴일. 병원은 물이 빠져나간 포구처럼 한산하다. 아내를 모처럼 집에 보내 쉬게 했다. 휴일은 유난히 느릿느릿 흐른다. 이렇게 빈번히 입원을 해야 한다면 어떻게 하나. 마음이 무겁다. 입원 첫날부터 멸균식이 나온다. 밥, 국, 반찬 3가지, 수저, 젓가락을 은박지로 싸고 그것을 식판째 고온 멸균시켜 준다. 심지어 보리차 주전자조차 은박지로 입히고 고온 멸균한다. 뜨거운 고구마 껍질을 벗기듯 은박지를 벗겨내고 보면 김치는 찌개가 되어 있고, 시금치는 제 형체와 색을 찾아볼 수 없게 늘어져 있다. 거의 모든 반찬이 형체를 알아보기 어렵고 제맛이 아니다. 이런 식사는 난생처음이다. 무염식보다 더 지독하다.

저녁 9시. 집에 갔던 아내가 예고 없이 아이들을 데리고 왔다. 독방에서 무료하게 지낼 남편을 배려하는 마음이 고맙다. 내일이면 큰애는 중학교 입학, 작은애는 4학년 진급이다. 큰아이의 입학식에 참석하지 못해 허우룩한 마음을 달랠 길이 없다. 아이에게 아빠의 처지를 이해시켰다. 아빠가 죽지 않고 새 생명을 얻은 것으로 위안을 얻자고 했다.

밤새 담즙이 새어나와 패드가 노랗게 젖었다. 왜 그럴까? 빨리 안정되어야 할 텐데…. 걱정만 쌓인다. 아내에게서 전화가 왔다. 지난밤 새벽 4시까지 책장을 정리하느라 한숨도 못 잤단다. 오늘 큰아이 중학교 입학식에 참석하고 조금 늦게 병원에 오겠다고 한다. 아내가 평생, 지난 반 년만큼 힘들고 고생한 적도 없을 것이다.

초등학교 졸업식 때도 참석해 주지 못해 미안한데, 입학식 날에도 병원에 묶여버렸다. 젖 먹던 때가 엊그제 같은데 벌써 중학교에 입학한다. 사춘기를 보내는 영준이가 잘 지내주었으면…. 인생에 좋은 영향을 끼칠 선생님, 친구들을 만나기를 기도한다. 하나님께서 나를 위해 예비하신 미래의 사역을 상상해 보며 영적 힘을 얻는다.

* 허우룩하다: 마음이 텅 빈 것같이 허전하고 서운하다

계속되는 입원

2000년 5월 2일. 혈당이 통제 불능으로 치솟았다. 정상치의 4배가 넘는 522mg/dL. 경악스러운 수치에 의사도 놀랐다. 혈당계의 오류를 의심해 재측정해도 비슷한 결과가 나왔다. 수술 후 예전에 없던 당뇨가 생겼다. 약의 부작용이었다. 하루 4번 인슐린을 주사했다. 저녁 9시, 혈당을 265mg/dL로 밀어내렸다.

심란한 마음을 하나님을 부르며 달랬다. 나의 신음 소리도 기도로 들으시는 하나님을 생각해야 갈피를 잡지 못하는 마음이 가라앉았다. 새벽 5시 30분, 공복 시 혈당 157mg/dL. 정상치 110mg/dL를 크게 웃돌았다. 오전 11시, 혈당치 266mg/dL. 식사 후 다시 혈당이 상승해 철저한 당뇨식을 시작했다.

또 독방에 갇혔다. 들러붙어 씻기지 않는 무엇이 있다.

갑갑함. 한 줄금 비라도 내렸으면….

해창에 갇힌 한 줌 야트막한 산의 푸른 나무에서 한계령 길의 칼벽 한 줌 허리 숲을 상상했다.

당뇨

 밤새 화장실에 가는 빈도가 부쩍 늘어났다. 물도 다량 들이켰다. 쉴 새 없이 입맛이 당겼다. 먹어도 몸은 오히려 야위는 느낌이 들었다. 당뇨 진단이 내려졌다. 믿어지지 않을 만큼 당이 높았다. 면역억제제와 프레드니솔론(솔론도)의 부작용이었다.
 급히 입원을 하고 엄격한 식이요법, 운동요법, 약물치료에 들어갔다. 운동은 식사 후 병원 복도를 수십 번 걷는 정도였다. 그렇게만 해도 당이 100~200mg/dL 정도가 떨어지기도 한단다. 투병 5년 동안 제한받던 음식에서 이제 자유로울까 했더니 당뇨가 다시 족쇄를 채운다. 당뇨식 역시 보통의 절제를 요하지 않는다. 포도도 무섭고, 귤 하나도 겁난다. 한 수저의 밥도 더하기 어렵고, 한쪽의 비스킷 간식도 주저주저한다.

 구강복용약으로 당 조절이 어려워 인슐린 주사를 맞기 시작했다. 팔뚝과 배꼽 주위에 하루에 한두 번. 증세가 심할 때는 아침에 지속

성 26-32단위를, 오후 4시에 속효성 16단위를 주사했다. 후에 속효성을 줄이고 지속성을 계속했다. 3년 정도 자가 주사했다.

당뇨 주사는 생활을 무척 불편하게 만들었다. 당시 신학교에 복학하여 기숙사에서 지냈다. 자랑할 일도 아니라 룸메이트가 없는 사이에 시간을 지켜 인슐린 주사를 놓곤 하는 일이 여간 고역이 아니었다. 집을 떠나 있으면 인슐린 주사는 여하튼 불편하다. 주황색 뒷대의 가는 주사기가 마약 주사기와 같아 남의 눈이 껄끄럽다. 그렇다고 일일이 설명하고 다닐 수도 없는 노릇이었다.

인슐린 주사 치료에도 당이 쉽게 조절되지 않는다. 운동과 식이요법이 오히려 낫다. 당뇨는 몸을 삭게 한다. 혈관도 탄력을 잃고 부스러지고 혈액은 끈끈해지기 시작한다. 끈끈한 혈액이 미세한 혈관을 막아 무서운 합병증을 유발한다. 당뇨성 백내장 등이 그렇다.

점도가 높아진 혈액은 혈관을 쉽게 흐르지 못해 심장에서 먼 쪽인 족부에는 자칫 혈행이 그치게 된다. 신선한 피가 오지 못하는 부위는 작은 염증에도 쉽게 썩기 마련이다. 당뇨병에 족부 염증은 발을 절단해야 하는 결과도 부른다. 발톱이 누렇게 색이 들고 발톱을 깎아도 찰기가 없어 부스러진다.

당뇨는 또한 혈압 상승의 부작용을 부른다. 혈압약은 한 번 복용하기 시작하면 평생 복용해야 한다. 혈압약을 복용하다 도중에 끊는 것은 자살행위와 같다. 요즘에는 좋은 혈압약이 출시되어 평생 복용해도 아무 문제가 없다고 한다.

백내장 수술

　당뇨가 한창이던 어느 날, 눈이 침침해졌다. 안경을 깨끗이 닦아 보았으나 거시시하긴 매한가지였다. 일시적인 현상으로 생각했다. 그러나 날이 갈수록 뿌연 것이 짙어졌다. 백내장이었다. 대낮 햇빛에 나서면 온통 희뿌옇게 보이고 저만치 있는 얼굴을 식별하기 어려워졌다. 오히려 어두운 곳에 가면 책 보기가 수월했다. 오른쪽 눈의 증상이 더욱 심해졌다.

　주치의와 상의하고 백내장 수술을 받았다. 세 번째 수술실에 들어갔다. 백내장 수술은 아주 간단하고 수월하다. 한 방울의 마취약으로 마취가 된다. 검은 눈동자 둘레의 한 구석을 미세 절개하여 레이저로 탁해진 수정체를 부수어 낸다. 사각사각하는 세미한 소리가 들릴 뿐이다. 그리고 절개면을 통해 인공수정체를 작게 접어 밀어 넣은 후 안에서 펴면 수술은 끝난다. 15분 정도 걸린다.

　난시의 경우 기술적인 솜씨를 부려 절개 위치를 선택하면 난시 교

정도 할 수 있는 일석이조의 효과를 거둔다. 인공수정체가 자연 수정체와 다른 점은 자동 거리 조정이 안 된다는 점이다. 따라서 먼 곳을 잘 볼 수 있도록 할 것인지, 아니면 가까운 곳을 잘 볼 수 있도록 할 것인지 선택권을 준다. 책이나 서류를 많이 보는 일을 하는 사람은 가까운 곳을 잘 볼 수 있는 수정체를 고르면 된다.

나는 책을 많이 봐야 할 것 같아 근거리용 인공수정체를 선택했다. 인공수정체는 자동 거리 조정 기능이 없기 때문에 30센티미터쯤 책을 멀리하고 보아야 잘 보인다. 좀더 편한 자세로 가까이 책을 들고 보려면 돋보기를 다시 써야 한다. 수정체의 거리 조절 기능 하나만 보아도 창조주의 솜씨가 대단함을 알 수 있다.

수술 후 일정 기간 안대를 대고, 세면이 금지되고, 머리는 엎드리는 자세보다 뒤로 눕는 자세로 감아야 했다.

* 거시시하다: 눈이 맑지 않고 침침하다.

탈장 수술

　수술실에 들어가는 일이 일과처럼 느껴진다. 네 번째 수술이다. 남들은 평생 한 번도 들어가지 않는 수술실을 나는 왜 이리 빈번히 드나드는 걸까? 그래도 지난 투병의 고역을 생각하면 기쁘고 감사할 일이다. 탈장 정도야 불치병은 아니니 말이다.
　간경변으로 처음 복수가 차기 시작했을 때 그것이 복수 증상인지 몰랐다. 주위에 그런 증상을 보인 사람이 단 한 사람도 없었기 때문이다. 그저 소화가 안 되어 듬뿌룩한 것으로 생각했다. 그즈음 전에 없이 오른쪽 샅이 이따금씩 따끔거리는 것을 느꼈다. 별일 아니려니 했는데 복수가 본격적으로 늘어나기 시작하면서 탈장이 생겼다. 탈장은 복압으로 인해 내장을 싸 받치고 있는 근육막이 파열되는 증상이다. 이 탈장을 간이식 수술 시 함께 처리했어야 했는데 경황 중 잊고 말았다.
　수술 후 복수가 없어지고 얼마간 탈장 증상이 나타나지 않았다. 그러다 다시 탈장이 시작되어 수술을 요청했다. 작은 수술이지만 전신마취를 해야 한단다. 네 번째 수술대에 누웠다. 전신마취를 위해 '좋은 공기'를 마셨다. 깃털처럼 몸이 날아올랐다.

전신마취를 하고 나면 고된 일이 뒤따른다. 허파꽈리마다 마취약 냄새가 박혀 며칠이고 솔솔 냄새를 풍겨낸다. 속이 미식거리고 뒤집혀 입맛이 가신다. 게다가 심호흡을 부지런히 해야 하고 가래를 내뱉어야 한다. 마취제는 허파꽈리를 수축시켜 폐활량을 감소시키기 때문에 오그라든 허파꽈리를 정상으로 돌리기 위해서는 수술 후 한동안 깊은 숨 쉬기를 열심히 해야 한다. 수술하고 기력이 없는 사람이 날숨과 들숨을 깊이 쉬는 것은 그리 쉬운 일이 아니다. 그래도 살아 있는 것을 감사하며 열심히 하자. 오늘 열심을 내지 않으면 언제 또 수술실에 들어갈지 모를 일이다.

죽음의 문턱에서

생명은 위탁물이다. 내 것이 아니라 다만 내게 맡겨진 것이다. 내 소유가 아니니 길고 짧음을 내 임의로 정할 수 없고, 맡겨진 것이니 언젠가 돌려주어야 할 때가 온다. 생명은커녕 머리털 한 치도 자라게 할 능력이 우리에겐 없다. 생명을 거두는 하나님의 청구서는 오직 생명으로만 값을 치를 수 있다. 생명 외의 어떤 재물도, 지혜도, 세상 지위와 명예로도 대신 지불할 수 없다.

인생은 부조리다. 삶은 죽음으로 중단되고, 선은 악으로 둘려 있다. 희망은 절망으로 꺾이고, 하늘은 땅에게 짓밟힌다. 인생은 인간 스스로 극복할 수 없는 도무지 조리 없는 구조를 갖는다.

불안한 구조를 스스로 극복할 수 없는 인생은 구원을 요청할 수밖에 없다. 구원은 죄의 용서와 영생의 약속이다. 용서와 영생의 상징은 십자가다. 구원은 '이미'(already) 주어졌으나 요청되지 않은 구원은 '아직'(yet) 시행되지 않는다. 구원을 요청할 이유가 여기에 있다.

생명의 청구서를 받아 든 날, 하늘을 우러러 한 점 부끄럼 없는 삶을 살았다고 자신할 수 있을까? 후회 없는 삶이라 자부할 수 있을까? 그러나 후회 없는 인생이 어디 있으랴? 애당초 결핍된 자원으로 사는 인생은 다 후회하고 마는 것인데…. 여기에 은혜가 필요한 이유가 있다. 은혜는 결핍을 고소하지 않는다. 고소 대신 용서가 있고 채움이 있다. 용서와 채움, 그곳이 바로 천국이다.

수술 후 관리

　간이식인들은 퇴원 후 정기적으로 통원치료를 받아야 하며 거부반응을 최소화하기 위해 면역억제제를 평생 복용해야 한다. 또한 수술 전 B형 간염을 앓았던 환자는 재발을 막기 위해 정기적으로 B형 간염 항체 주사(일명 헤파빅)를 매달 맞아야 한다.
　외래 방문은 퇴원 직후에는 1주일에 한 번이나 이후에는 2주일에 한 번, 한 달에 한 번으로 차츰 간격을 늘려간다. 수술 경과가 안정이 되어가면 대개 한 달에 한 번 정도 외래로 방문한다. 두 달에 한 번 방문하는 경우도 있다.
　수술할 때만이 아니라 수술 후에도 의료진들의 헌신적 노고 없이는 건강을 유지할 수 없다. 우선 매달 진료를 맡아 세밀히 건강을 체크하고 복용할 약을 조절해 주는 내과의를 비롯해 많은 조언과 편의를 제공해 주는 장기이식 코디네이터의 돌봄의 빚을 져야 한다. 이 자리를 빌려 한 치의 빈틈도 없이 내 건강의 흐름을 챙겨주시는 내 담당 내과의 최종영 선생님과 장기이식 코디네이터팀에게도 감사한다.

절개의 미학

웃통을 벗고 거울 앞에 서면 복부를 횡단하는 절개선이 잔뜩 찌푸린 표정을 짓고 있다. 부메랑 모양 같기도 하고, 옷걸이 같기도 하다.

늑골 밑을 파고들 듯 지나가는 절개선은 몸통을 가슴과 복부로 양분하고 있다.

분단의 경계선 같다. 절개선은 서툰 용접공의 솜씨처럼 투박하고, 바느질이 엉성한 양복의 우는 깃처럼 뒤틀려 있다.

바느질이 남긴 흔적이 가시철망처럼 절개선을 따라 양쪽에 촘촘히 널려 있고, 더 넓은 폭과 간격을 두고 호랑이 이빨 자국 같은 흉터가 남아 있다. 촘촘히 실로 꿰맨 자리와 듬성듬성 철사 스테이플러로 물려놨던 흔적이다.

수술 절개선이 생각 없이 그어지는 것은 아니다. 전문의의 세심한 디자인의 산물이다. 병든 간과 건강한 간을 교체하는 길고 복잡한 수술의의 손놀림을 배려해 계획된 선이고, 수술 후 남을 흉터의 미학을 고려한 선이다. 죽음에서 생명을 건져내는 냉철한 싸움의 시간 중에도 따뜻한 절개의 미학을 고려하나 보다.

간이식 수술 3년 후쯤 탈장이 생겨 외과에 갈 일이 있었다. 진료의에게 간이식 경력이 있다고 밝혔다. 의사가 나를 침대에 눕도록 하고 수술 부위를 들춰보더니 대뜸 말했다.

"이건 내가 디자인한 건데."
'디자인? 웬 디자인?' 영문을 몰라 하는 내게 그가 말했다.
"혹시 복수가 많았던 환자 아니었나요? 하도 복수가 많아서 기억이 나는데."
"선생님도 제 수술팀이셨나요?"
"그럼요. 바로 내가 간을 적출해냈지요."

간이식 수술은 25~30명의 외과, 마취과, 방사선과, 내과, 임상병리과 그리고 심지어는 2밀리미터 정도의 미세혈관을 잇기 위해 성형외과 의사들까지 참여한다고 한다. 너댓 명씩 한 팀이 된단다. 마취팀, 기증자 간 적출팀, 수혜자 간 제거팀, 미세혈관 봉합팀, 담도 봉합팀 등. 수술 전 내가 직접 대면한 의사는 총책임 집도의, 내과 진료의, 마취의뿐이었다. 이식수술 이면에는 수혜자가 모르는 많은 의사와 간호사들의 헌신적 수고가 있다. 탈장으로 괴로운 중에도 피식 웃음이 나왔다. 인체의 '정비'에도 디자인 개념이 깊숙이 들어와 있다니….

모든 이식자의 수술 흔적이 나처럼 흉하진 않다. 오히려 대부분 매끈한 바느질 솜씨를 보인다. 내 경우는 두 번의 수술을 받았기 때문이다.

수술 후 3~4년까지 나는 대중목욕탕을 싫어했다. 이목의 집중을 받는 것이 고역이었기 때문이다. 온천에 가서도 아이들만 들여보내고 나는 밖에서 기다렸다. 그러나 이제는 아무 거리낌 없이 나도 합세한다. 이젠 다른 사람들의 호기심 어린 눈길이 어색하지 않다. 오직 생각의 차이인 것을….

삶의 신학화

　복수가 많이 차면 전해질의 균형이 깨져 여차하면 쥐가 난다. 볼펜을 쥐고 글을 쓰다가도, 발가락을 옴지락거리다가도 순식간에 팔로, 종아리로 번져 나가 나뒹굴기가 일쑤다. 한쪽 발에 쥐가 나서 그것을 다스리려 몸부림치다 다른 발마저 경련이 일어나는 경우가 있다. 그럴 때면 생지옥에 다녀온 기분이다.

　태풍이 휩쓸고 가듯 쥐가 지나가면 온몸은 식은땀으로 흥건하고 사지가 발발 떨린다. 혼혼한 정신을 차리고 내가 가장 먼저 하는 것은 그래도 하나님께 감사하는 일이었다.

　"하나님, 여기서 멈추게 하심을 감사합니다. 5분 만에 끝나게 하심을 감사합니다. 10분이 아님을 감사합니다."

　복수의 압력으로 주먹만큼 밀려나온 배꼽이 터져 복수가 철철 흘렀을 때나, 패혈증에 걸려 생사를 헤맬 때나, 간성혼수로 정신이 혼미했을 때도 나는 하나님께 감사하지 않을 수 없었다. 아직 생명이 붙어 있음을….

감사는 절망의 진구덩이에서 나오는 사다리요, 미움과 분노의 감옥을 여는 열쇠이며, 죽음의 권세를 물리치는 날카로운 창과 같은 것이다.

병실에서 만나는 환자는 대개 두 부류로 나눌 수 있다. 치료에 적극적이며 낙관적인 부류와 매사에 불평을 일삼는 부류다.

불평은 불평을 낳는다.

"음식이 형편없다."

"옆자리에 지저분한 환자가 걸려서 재수 없다."

"간호사가 마음에 들지 않는다."

"간병인이 서툴다."

그런데 자세히 관찰해 보면 병이 중하든 가볍든 낙천적이고 자신이 처한 현재의 처지라도 감사하는 사람들의 회복이 대체적으로 빠르다. 확실히 감사에는 약물의 효과 외의 그 무엇이 있다. 감사할 때 하나님만 아시는 치유의 물질이 우리 몸에서 분비되는 비밀이 있나보다.

이 비밀을 하나님께서는 말씀 가운데 숨겨 놓으셨다. 성경은 우리에게 명령하고 있다. "범사에 감사하라." 이것이 그리스도 예수 안에서 우리를 향하신 '하나님의 뜻'이라고 밝히고 있다. 하나님은 우리가 치유 받기를 원하신다. 그것이 하나님의 뜻이다.

"범사에 감사하라 이것이 그리스도 예수 안에서 너희를 향하신 하나님의 뜻이니라"(데살로니가전서 5:18).

이렇게 도무지 감사할 수 없는 상황에서도 감사의 제목을 찾아 감사를 말하는 것이 바로 삶의 신학화다. 고난에 처했을 때 고난의 파도만 바라보는 것이 아니라, 나에게 닥친 고난을 감사의 눈으로 다시 해석하는 작업이 삶의 신학화이다. 그리고 어떠한 삶의 자리에서도 자기 삶을 신학화하면서 살아가는 사람들이 바로 그리스도인이다.

은혜 회상 장치

내 삶을 신학화하면 모든 것이 감사뿐이다. 메스가 가르고 지나간 절개 부위의 신경이 어찌 되었는지 수년 동안 복부 근육의 감각이 살아나질 않는다. 걸음을 옮겨놓을 때마다 봉합 부위 근육의 수축과 이완이 질서가 없어 편안하지 않다. 걸음걸이의 행위를 발바닥이 느끼는 것이 아니라 씰룩쌜룩 뱃가죽이 먼저 느낀다.

불편이 크게 느껴질수록 눈물이 핑 돌며 오히려 감사한 생각이 든다. '제2의 생명'을 허락하신 하나님의 은혜를 평생 잊지 않도록 하나님께서 내 복부에 일종의 '은혜 회상 장치'를 남겨놓으신 것으로 생각하기 때문이다. 삶을 신학화하는 것이다. 감사는 물에 새기고 원한은 돌에 새기는 인간의 연약함을 하나님은 아시나 보다. 그리고 은혜를 잊지 말라고 회상 장치까지 남겨주셨다.

은혜를 망각하는 것은 곧 저주요, 배 근육의 뒤틀리는 움직임이라는 불편을 감수하는 것이 오히려 내겐 복이다. 내가 죽어 하나님 앞에 설 때까지 배 근육의 죽어버린 감각이 다시 살아나지 않기를 원한다. 그것은 내 몸에 있는 예수의 흔적이기 때문이다.

야곱이 얍복강에서 천사와 씨름하다 허벅지 관절을 얻어맞고 평생 다리를 절게 되었다. 그러나 그는 대신 '이스라엘'이라는 이름을 얻었다. 개명(改名)은 곧 그의 존재 양태의 변화를 의미한다. 알량한 자기 꾀를 의지하는 삶에서 하나님께서 주시는 무한한 하늘 자원을 의존하는 삶으로의 변화. 야곱은 멀쩡했던 몸이 밤새 심각한 불구가 되었다. 그런데도 그가 다리를 절며 '브니엘'을 지날 때 그의 실존은 높이 떠오른 '태양'으로 상징된다. 불구가 된 것을 은혜로 여긴 것이다. 옛 야곱의 실존은 어둠 속에서의 몸부림(씨름)이고, 새 '이스라엘'의 실존은 태양과 같은 광명이다. 그러니 그의 부러진 허벅지 관절이 '은혜 회상 장치'가 아니고 무엇이랴!

내 몸에 남겨진 '은혜 회상 장치'는 하나뿐이 아니다. 탈장 수술한 자국과 백내장으로 오른쪽 눈에 심겨진 인공 수정체가 그것이다.

장신대 복학

秋

2000년 가을, 모든 나뭇잎이 물들기 시작하는 계절, 몸을 추슬러 장신대에 복학했다. 지난 1년간 삶과 죽음의 경계선을 숱하게 넘나들었다. 이제 투병의 고난은 끝이 났다. 생명을 연장시켜 주신 하나님 앞에 다시 선다. 아직 하나님이 내게 어떤 길을 예비하고 계신지 알지 못한다. 나를 왜 이렇게 늦게 부르셔서 선지동산(장로회신학대학원)에 세우시는지 알지 못한다. 나는 단지 순종할 뿐이다. 두려움과 기대 속에서 순종할 뿐이다. 하나님은 내게 맡기실 사명이 있기에 나를 살리신 것이리라! 오늘 이런 날을 주시기 위해 학교 앞 광장동에 집을 예비하셨으리라!

가녈가녈한 몸으로 책가방을 들고 10여 분을 걸어 학교에 간다. 장신대와 엎드려 코 닿을 곳에 있는 초등학교, 중학교에 진학한 아이들과 나란히 등교를 한다. 나이 40이 넘은 내가 마치 20대가 되어 처음으로 대학 교정을 밟는 기분이다.

아침 수업에 들어가는 길, 잠시 걸음을 멈추고 운동장에 늘어선 가을 나뭇잎을 올려다본다. 만추의 단풍은 황홀하다. 형형색색 잎새마다 노을빛을 담았다. 인공 배합으로는 어림없는 창조주의 색이다. 창조를 따를 인조(人造)는 없다. 직선, 곡선, 점, 향기, 색깔…자연은 태초의 원본이다.

단풍은 낙엽을 예고하고, 낙엽은 녹음의 마침을 뜻한다. 소진된 생명이 땅에 구른다는 생각에 이르면 숙연한 마음뿐이다. 걸음을 멈추고 나무를 올려다본다. 문득 깨침의 소리가 있다.–낙엽은 '끝'이 아니라 지극히 활발한 생명 운동의 한 표현 방식!

낙엽은 나무가 건강하게 살아 있다는 외침이요 몸짓이다. 가을이면 가을답게, 여름이면 여름답게 한 치의 오차도 없이 우주를 경영하시는 창조주가 베푼 생명의 도(道)를 달려가고 있다는 환호성이다. 고목(枯木)에는 단풍도 낙엽도 없다. 나무는 낙엽을 땅에 던지고 그 자리에 어김없이 새 봄을 준비하는 생명을 품는다. 낙엽에 숨겨진 생명의 원리를 보지 못하는 우리는 세상에서 얼마나 많은 것을 왜곡해서 보며 사는 것일까?

冬

앙상한 가지마다 가루 같은 흰 눈을 이고 있다. 서풋 내린 겨울밤의 황혼이 하얀 눈과 멋진 조화를 이룬다. 어둠과 하얀 눈의 경계를 황금빛 가로등이 긋고 있다.

하루를 성찰하는 저녁. 한강이 내다보이는 거실에 앉아 하루 생명의 가치, 삶의 신중함을 생각한다. 하루를 산다는 것은 대단히 진지

한 문제다. 하루의 생명값에 걸맞게 하루를 살았는지…. 나는 늘 부끄럽고 안타까워 몸부림치고 만다. 습관처럼 살았다면, 끈적끈적한 세상 욕정에, 안목에 매인 채 살았다면, 분노하며 감사 없이 살았다면, 낙담하며 근심하고 불평하며 살았다면, 그것은 생산 없이 소모만 있었던 하루!

春

겨우내 얼음 창고 같던 기도탑. 춘삼월, 냉기는 한 발 물러나 있다. 한 평 남짓한 개인 기도실, 병상을 추억한다. 내 생명을 탐하며 아귀다툼하던 죽음과 맞서던 시간이 불과 1년 전이다. 지난 1년 세월의 회고는 현기증을 부른다. 천 길 나락의 무서운 골짜기에 덩그러니 걸린 구원의 출렁다리를 나는 믿음 하나 의지하고 건너온 기분이다. 나 혼자는 건널 수 없는 곳, 주님의 손을 느낀다.

이제 나는 생명의 땅에 있다. 나의 무거운 죄짐을 지고는 건널 수 없는 간극을 은혜로 건너왔다. 기도의 자리에 다시 앉고 보니 하나님은 변함없으나, 변하는 것은 오직 나의 환경이요 감정이다. 어제는 감사했으나 오늘은 불평한다. 오늘은 기뻐했으나 내일은 분노할지 모른다. 변함없는 하나님의 사랑 앞에 그만 잠잠할 뿐이다.

진달래 목련이
눈에 각별하다

벌어진 잎새
구부러진 꽃술
신비롭고 정밀한 질서

생명이 석류알처럼 터치고 나오다

자연의 생명을 바라보다
내 안에 머무는
생명을 발견하다

싱그러운 새 봄
생동하는 생명력이
꽃봉오리에서
분수되어 솟구친다

워커힐호텔 주변 산책로에 봄이 노랗게 물들었다. 2월 퇴원 후 한 달 만에 다시 입원. 거부반응, 발부종 등과 보름을 씨름했다. 다시 퇴원한 지 달포 정도. 아직 에부수수한 몸으로 첫 산책을 나선다. 함께 고난에 동참해 주었던 아내와 중학교 1학년, 초등학교 4학년 아들들이 동행해 주었다. 진달래와 개나리가 만발한 풍경 앞에서 실로 오랜만에 가족사진을 찍었다. 주변은 꽃놀이와 음식 바자회로 시끌벅적하다.

꽃잎을 들여다보았다. 꽃잎 하나, 꽃술 하나에 감격한다. 꽃의 생명을 기뻐하는 것은 곧 내 생명 확인 행위다. 존재의 권리를 요구할 수 없는 인간은 오직 하나님께 감사할 따름이다.

夏

빗방울이
나뭇잎을 때리는 순간
속도는 소리의 옷을 입는다

우두둑 톡톡

목마른 대지의
여린 잎,
영근 잎,
나름 나름의 소리는
땅에 미치는 하늘의 전령사

하늘의 음성에 귀고픈 영혼에게

오늘은 종일

작대비가 내린다

* 에부수수하다: 정돈되지 않아 어수선하고 엉성하다

어머니 생각

꿈

뒤숭숭한 꿈자리
화들짝 달아난 몽롱함
사경회 첫 밤
학우들의 새근거림
달콤함만큼 밤도 깊다

불쾌한 꿈일수록 꼬리가 길고 질기다

어떤 교실 같은 곳
홍수가 났다
정강이만큼 올라 찬 황톳물

책걸상이 중앙에 몰려 있고

조금 높다란 걸상에 어머니가 홀로 걸터앉아 계신다

오래전에 돌아가신 외할머니가

여실히 생전의 모습으로

오셨는데

잠시 머무시다

어머니의 배웅을 받고 떠나셨다

불길한 예감

꼭뒤가 당긴다

2001년 9월 6일 새벽 이 꿈을 꾸고 난 3일 후 어머님이 운명하셨다. 71세. 평생을 병으로 고생하시다 이 땅의 삶을 마감하셨다. 9월 9일 주일 예배 후 귀갓길에 어머님께 들러 안부를 여쭈었는데 그날 밤 11시 20분에 어머님이 운명하셨다.

어머님을 묻던 날

어머님을 땅에 묻었습니다

땅에만 묻은 것은 아닙니다

아무도 꺼내 갈 수 없는 내 가슴 깊은 곳에

또한 묻었습니다 그리고

'그리움'이라고 표해 두었습니다

묘소를 떠나오는 발걸음이 자꾸자꾸
뒷걸음질합니다
도무지 사실 같지 않아서
도리머리만 흔듭니다
차라리 꿈이어라

빈집에 돌아와 보니
이제 어머님은 아주 안 계신데도
잠시 외출하신 후
곧 돌아오실 것만 같습니다
그런 착각이 오히려 좋습니다

도무지 채울 수 없이 뻥 뚫린 가슴이
하나님의 품에 안긴 어머님의 모습에서
더할 나위 없는 위로를 받습니다

* 꼭뒤: 뒤통수의 한가운데

음반 작업

퇴원 후 몸은 아직 마른 낙엽처럼 바삭바삭 금방 부스러질 것만 같다. 몸은 곧 깨어지기 쉬운 질그릇 같지만 소망을 버리지 않은 혼과 영은 여전히 강인하다. 우리의 소망은 중단되었던 음반 작업을 재개하는 일이었다. 소망의 푯대를 향해 달리는 것은 내 영이 살아 있다는 증거요, 죽음의 늪에서 나를 건지신 구원의 손길과 사랑에 대한 감사였다. 어찌 구조를 기다리며 대롱대롱 매달려 있었던 그 벼랑을 잊을 수 있겠으며, 사지에서 불렀던 찬양을 잊을 수 있으랴.

그러나 음반을 내기에는 모든 것이 부족하였다. 노래 한 곡을 담기 위해서는 작곡과 편곡, 세션, 뮤직 디렉터, 녹음실, 녹음 엔지니어, 음악 레슨, CD북, 사진과 디자인 전문가, 인쇄 비용, 음반 유통에 이르기까지 셀 수도 없는 많은 과정과 돕는 자와 비용이 요구되었다.

무엇보다 먼저 음악을 작곡하고 편곡해 줄 사람이 있어야 했다. 음악 좀 한다 하는 사람은 누구든 수천만 원을 요구했다. 우리에겐 엄두도 못 낼 액수였다.

그렇다고 우리 편에서도 아무나 찾는 것은 아니었다. 우리 나름대로의 요건이 있었다. 우리가 바라는 요건을 갖춘 음악인을 만나기가 너무 어려웠다. 우리는 전통적인 가스펠이 아닌 재즈풍이나 흑인영가풍의 가스펠을 개척하고자 했기 때문이다.

또한 음악적 수준도 있고, 무엇보다 신앙이 있어야 했다. 믿음도 없는데 음악만 좋은 것도 바라지 않고, 그렇다고 믿음은 좋지만 음악적 수준이 함량미달인 것도 원치 않았다. 정말 물 좋고 정자 좋은 곳을 찾기가 나락더미에서 바늘 찾기만큼 어려워 보였다.

감사하게도 아내는 그 당시 한국 재즈계의 대모인 박성연 선생님께 음악(보컬) 사사를 받는 중이었다.

우여곡절 끝에 장기호 집사님을 만났다. 장 집사님은 미국 버클리 음대에서 재즈 작곡 공부를 마치고 막 귀국해 하나님의 은혜에 감사하는 '작품'을 만들기 위해 기도를 하고 있던 중이었다. 하나님이 보내주신 사람이라는 확신이 들었다. 죽음의 늪에서 생명의 땅으로 옮겨지는 과정을 지켜본 그는 하나님의 위대하신 역사에 대해 함께 감사하기 위해 재즈풍, 흑인영가풍의 곡을 준비해 주었고, 녹음 스튜디오와 엔지니어까지 소개해 주었다.

모든 것이 모자라고 필요했다. 하지만 하나님은 한 과정 한 과정마다 도움의 손길을 보내주셨다. 음반 재킷, 사진, 디자인에 드는 비용이 문제였다. 헌금으로 후원할 사람이 필요할 때, 하나님은 김현균 집사님을 만나게 해주셨다. 김 집사님은 나의 고등학교와 대학교 선배이며 아내의 대학 선배이기도 했다.

김 선배님의 도움으로 음반 작업은 시작되었다.

사진과 디자인은 각각 장기호 씨와 황혜원 씨가 맡아 주셨는데, 재미있게도 뮤직 디렉터를 맡아준 장기호 집사님과 동명이인이었다. 그분들은 모두 음반 작업을 위해 하나님께서 예비하신 소중한 분들이었다.

아내의 부탁으로 나도 일조를 했다. 어느 눈이 내리던 겨울날, 장신대 기도실에 앉아서 13곡의 찬양 중 한 곡을 작사해서 하나님께 올려 드렸다.

새 하늘 새 땅

(작사: 김성복 목사)

1. 가시 숲 들판 헤매며 나 외로워 떨 때
   주님이 내게 오셔서 친구가 되시네
   외로운 인생아 오너라 내가 널 안으리니
   세상이 줄 수 없는 평강, 내 안에서 영원토록 맛보리

2. 영롱한 아침 이슬과 찬란한 저녁놀
   온 세상 만물 주님 손 안 거친 것 없네
   하늘과 이 땅의 모든 것, 그의 형상, 그의 작품
   순결하고 고귀한 주의 사랑, 생동하는 만물 안에 충만해

3. 목마른 사슴 갈급히 시냇물 찾듯이
   내 영혼 주님 오시길 간절히 기다려
   새 하늘 새 땅아 열려라 내가 가서 편히 쉴 곳
   고통과 슬픔 모두 없는 생명 나라 주님 약속하신 곳

이렇게 하여 2003년 마침내 '김은진 1집 음반-내게로 오라'를 하나님께 드렸다. 소망을 품고 모든 어려움과 부족함을 극복하며 4~5년 만에 거둔 결실이자 복음의 증거였다.

환우 여러분께 드리는 당부

　절망은 한 방울의 독약과 같이 우리 몸에 서서히 퍼져가며 종국에는 우리를 죽이고 맙니다. 하지만 용기와 소망은 신비한 치유의 힘을 가지고 있습니다.
　병은 먼저 실망과 낙담을 앞세우고 찾아옵니다. 병이 들면 누구나 자신이 없어집니다. 살고 싶은 생각이 약화됩니다. 어제까지 왕성했던 활력이 다 어디 갔는지 스스로 의아해집니다. 병의 고통을 지고 사느니 차라리 죽어버리는 것이 낫겠다고 생각합니다. 어제까지 내게 따뜻했던 세상이 오늘은 푸접없어 보이고 미워집니다. 죽음은 모든 고통을 잊게 하고 차라리 알지 못하는 포근한 안락을 줄 것만 같은 생각이 듭니다. 그런 생각이 바로 죽음의 권세가 우리 귀에 한 방울씩 떨어뜨리는 독입니다. 그 독을 받아 마시면 자살의 길로 접어들게 됩니다.
　그때마다 큰 소리로 명령하십시오. "예수님의 이름으로 명한다. 마귀의 세력은 물러가라!" 예수님의 이름에는 큰 권세가 있습니다.

마귀 사탄은 예수 이름 앞에 떨며 굴복합니다. 사람들은 그 힘을 몰라 그만 마귀의 밥이 되곤 합니다.

주위를 둘러보십시오. 예수님의 이름을 부르며 나보다 더 험악한 병과 씩씩하게 싸우는 사람들을 보십시오. 거친 싸움을 극복하고 승리한 사람들을 보십시오.

희망이 없다는 말을 들어도 소망을 품으십시오. 터럭만큼의 희망도 없어 보이는 상황의 한복판에서 '희망'이라는 것을 생각하는 것 자체로 여러분은 이미 절망을 밀어내기 시작한 것입니다. 절망의 먹이가 되지 않도록 소망으로 무장하십시오. 절망은 강해 보이나 소망의 휘하에 있을 뿐입니다.

인생의 바다에 작은 시련의 바람이 불어와도 쉽게 소망의 등불을 꺼버린 채 어두운 바다에 갇히는 사람이 있는가 하면, 스스로 빛이 되어 뱃길을 개척하는 사람도 있습니다. 생의 환희는 죽음의 나락으로 떨어지면서 비로소 알게 됩니다. 노란색 바탕에 검은색이 뚜렷이 대비되듯, 환희는 절망 없이는 그 윤곽을 스스로 드러내지 못하지요.

의사가 말했습니다. "간세포가 한 번 파괴된 자리는 돌이킬 수 없습니다." 그러나 저는 소망했습니다. "주님, 간세포가 파괴되어 섬유 결절로 변해버린 그 자리에 말랑말랑한 생명 세포가 다시 돋아나게 해주세요."

그것이 저의 소망이요 믿음이었습니다. 복수로 가득 찬 배를 받쳐 들고 병원 복도를 바장이며 '내 생명의 주님은 내 믿음대로 도우실 수 있다'라고 되뇌이면서, 주님께 도움의 손길을 기원했습니다.

"너희 말이 내 귀에 들린 대로 내가 너희에게 행하리니"
(민수기 14:28).

CT 촬영하는 어느 날, 전공의가 불쑥 내뱉었습니다. "아니, 간이 없잖아?! 한 주먹도 안 남았네." 심장이 떨렸습니다. 체중의 50분의 1을 차지하고, 장기 중 가장 크다는 간이 CT상에 한 주먹만큼만 나타나고 그 자리가 비어 있다는 말이었습니다. 그러나 간의 형태에 관계없이 하나님은 나로 하여금 새 생명을 얻을 때까지 버티게 하셨습니다. 그렇게 믿었습니다.

제 삶의 작은 이야기를 통해 낙심과 절망에 빠진 모든 환우 여러분께서 용기를 얻고 투병에 승리하여 죽음의 출구가 아닌 생명의 비상구로 탈출하시길 바랍니다. 여러분은 꼭 승리하실 것입니다. 여러분의 가족을 위해서, 그리고 하나님의 영광을 위하여!

에필로그

  지구 곳곳에서 전쟁과 학살, 테러, 살인, 자살로 생명이 우습게 희롱당하는 시대에 목숨을 부지하기 위한 병상의 처절한 싸움은 그 싸움의 의미를 묻게 한다.
  '너는 무엇 때문에 그토록 생(生)에 집착하느냐? 그렇게 집착할 만큼 생(生)이 달콤하더냐? 아직 이 땅에서 잡으려 달려가야 할 그 무엇이 남아있어 생(生)을 쉽게 내려놓을 수 없는 것이냐?'
  생(生)은 그 자체에 더 살아보려고 몸부림치는 어떤 태엽이라도 들어 있는 것인가?
  싸움의 한복판에서 세미하게 들려오는 소리는 '바스락 부스러지는 낙엽 같은 육체를 입고 사는 이생의 삶도 그리도 귀중하거늘 장차 누릴 영생은 얼마나 소중할까. 그 영생을 얻기 위해 이 싸움보다 더 치열한 믿음의 싸움이 있다 해도 과감히 그 싸움을 치러내야 한다'는 내면의 소리였다. 이것이 병을 통해 얻게 된 깨달음이다.
  이 깨달음을 얻기 위해 봄, 여름, 가을, 겨울 사계절의 사이클을 몇 번 통과하면서 내 삶의 구석구석, 인생길의 모퉁이 귀퉁이에서 하나님을 찾고 또 만났다. 말씀을 통해, 음성을 통해, 회개를 통해, 깨달음을 통해, 심지어 갑갑한 무응답의 시간을 통해 하나님을 만났다.

하나님은 여러 모습으로 나에게 오셨다. 성경에서 아브라함을 부르신 것처럼, 모세에게 사명과 능력을 주신 것처럼, 까마귀를 통해 엘리야를 먹이신 것처럼, 욥을 시험하신 것처럼, 그리고 죽은 나사로를 살리신 것처럼 하나님은 나를 부르시고 시험하시고 살리시고 사랑하셨다. 나는 성경 속의 아브라함이요, 모세요, 엘리야요, 욥이며 나사로였다.

하나님의 사랑을 받고 또 하나님을 사랑했던 이야기는 내 마음속에서 소용돌이처럼 휘휘 맴돌기만 할 뿐 실타래처럼 쉽게 풀려나오지 않았다. 아니, 나의 주저함도 한몫을 하였다.

이제 가슴에 담아 둔 이야기를 조금이라도 풀어내고 나니 마음이 후련하다. 지나고 보니 물리적인 시간, 세속의 시간 크로노스는 하나님의 시간 카이로스를 이기지 못한다. 그러나 못다 한 이야기가 많다. 이 책은 생명을 다뤘던, 내 인생 중 비교적 짧은 기간에 초점을 맞추고 그 위기의 순간에 하나님께 매달렸던 나의 삶을 그린 이야기다.

어떤 이는 기자 생활을 포함한 더 폭넓은 인생 이야기를 쓰는 것이 좋지 않겠냐고 조언하였지만 그냥 수술 전후에 집중하는 편이 좋을 듯하였다. 글을 쓰면서 글 쓰는 데 솜씨가 없다는 생각을 아주 많이 했다. 특히 하나님의 은혜를 다 묘사해 내기가 쉽지 않았다. 그래도 이 정도로 위안을 얻는다. 말끝마다 일일이 하나님의 은혜를 간증하지 않아도 이 글을 읽는 현명한 독자들은 글의 행간에서 충분히 그것을 감지할 것으로 믿기 때문이다.

이 글을 쓰면서 내가 말하고자 한 점은 내일에 대한 소망이 없는 사람이 오늘 무슨 힘으로 살아갈 수 있느냐 하는 문제였다. 그 힘은 바로 하나님이다. 이 책이 믿는 사람들에겐 더욱 굳건한 믿음을 갖게 하고, 믿지 않는 사람들에겐 하나님을 아는 귀와 눈이 열리게 하는 책이 되길 희망한다.

이제 나에게 중요한 것은 이렇게 살아났으니 앞으로 어떻게 사느냐 하는 문제다. 어떤 분들은 내게 앞으로 어떤 사역을 할 계획이냐고 묻기도 하신다. 나의 비전은 분명하다. 나같이 고통당하는 분들을 끌어안고 그들을 위해 기도하면서, 그들이 치유 받는 일들을 통해 하나님을 알고 온 사방에 하나님을 널리 전하는 하나님의 백성으로 서는 일이다. 또 하나님의 백성을 세우는 일이다.

하나님께서 허락하신다면 글 쓰는 작업을 통해 하나님을 세계 만방에 증거하는 기독교 문필가가 되기를 희망한다. 이를 위해 하나님이 오랜 기간 언론계에서 나를 훈련시키시고, 영어로도 글을 쓰는 능력을 주신 것으로 생각한다. 하나님은 동서남북에서 돕는 자를 보내셔서 스스로 계획하신 일을 이루실 것을 기대한다.

책을 마치면서 이 모든 은혜를 압축해 한 알의 캡슐에 담는다면 그것은 '하나님께 영광'이다.

저자 소개_ 김성복 목사

1957년생으로 고려대학교 영어영문학과를 졸업했다. 졸업을 한 학기 앞둔 1983년 4월, 한국일보 공채 40기에 합격해 전공을 살려 영어신문 〈The Korea Times〉 기자로 약 14년간 언론계에서 일했다. 견습기자 시절부터 정치 분야 취재를 맡아 12년 동안 국무총리실, 야당 및 국회, 외무부와 청와대 출입 기자 등 정치부 출입처를 두루 거쳤다. 특히 1988년 처음 청와대 출입을 경험한 후, 야당으로 출입처를 옮겼다가 1992년 말부터 다시 두 번째 청와대 출입 기자를 지냈다.

정치부 기자로 활동한 1983년에서 1995년에 이르는 12년간의 기간은 전두환, 노태우, 김영삼 정부에 이르는 우리 정치 역사상 보기 드문 격동기로, 저자는 군사정권의 강권 정치와 최루탄이 난무하는 야당의 대여 항쟁 현장, 파행 국회 등 숱한 역사적인 순간을 함께한 증인이다.

청와대 출입 기자 시절, 노태우·김영삼 대통령을 수행하여 UN, 인도네시아, 브루나이, 말레이시아, 일본, 중국, 러시아, 우즈베키스탄, 호주, 미국을 방문하였다. 또한 시애틀, 보고르, 오사카, 필리핀 수빅에서 열린 APEC 정상회담을 수차례 수행해 취재하였다.

남북문제 전담 기자 시절에는 남북 이산가족 상봉과 북측의 수재 물자 제공 등의 취재를 위해 판문점을 수시로 출입하고, 1992년에는 평양에서 열린 남북고위급(총리)회담에 남측 대표단의 일원으로 3박 4일간 평양을 방문, 4차례에 걸쳐 평양 방문기를 보도했다. 그중에는 평양신학원 학생이며 전도사라고 자신을 소개한 북측 안내원과 인민문화궁전 복도에서 2인 예배를 드린 후 그와 인터뷰한 내용을 보도한 "North Korean Christians Believe in 'God of Chosun'"(북한의 그리스도인들은 '조선의 하나님'을 믿는다)이라는 제하의 기사도 포함되어 있다.

1988년 외무부 출입 시에는 당시 최광수 외무장관을 수행하여 UN을 방문, 김현희 KAL기 폭파사건을 의제로 열린 유엔 안전보장이사회의를 취재 보도한 바 있고, 그 해에 일본 외무성 초청으로 10일간 일본을 두루 둘러보았다.

1994년 말, APEC 정상회담 수행 취재 이후 귀국하자 갑자기 건강이 나빠져 간경화 진단을 받은 뒤, 1996년 11월 30일 14년간의 언론인 생활을 접고 퇴사했다. 퇴사하고 장로회신학대학원에 입학하여 어렵고 긴 신대원 공부를 마쳤다.

저자는 모두 네 차례의 수술과 다섯 번의 죽을 고비를 넘겼다. 1차 간이식 수술, 2차 재수술, 3차 약 부작용으로 인한 당뇨성 백내장 수술, 4차 탈장 수술 등 네 차례의 수술은 저자로 하여금 육신과 영혼의 생명에 대한 깊은 사색을 하게 하였다. 또한 균혈증, 간성혼수, 배꼽 파열로 인한 복수 유출 등 사망의 위기마다 인력으로는 할 수 없는, 보이지 않는 손의 만지심이 있어 1차 간이식 수술 후 기적같이 살아났다.

　1차 수술과 재수술을 받고 70일간 격리병실에서 이어질 듯 끊어지고 끊어질 듯 이어지는 살얼음판을 걷는 위기의 시간들을 통과할 때 항상 함께해 주신 분은 하나님이셨다.

　저자는 마침내 담즙 배출 주머니를 매단 채 퇴원했다. 이후 6개월 동안 통원치료와 재입원을 반복하던 중, 의료진의 만류에도 장로회신학대학원에 복학하여 신학의 길을 계속 걸었다.

　이 길은 쉽지 않았다. 신학은 단순한 '공부'가 아니었다. 그것은 '하나님 앞에 선 나의 전 존재의 탈바꿈'이라 할 수 있었다. 모든 것이 변해야 했다. 기자 시절의 이생의 안목, 세상의 정욕 등 모든 것을 내려놓고 하나님의 종에 합당한 성품과 사고, 지식과 섬김, 낮아짐과 겸손이 옛사람을 대체할 때까지 담금질을 받았다. 스스로 변하지 않으면 기어코 하나님이 바꾸어 놓으셨다. 경제적인 어려움도 훈련의 한 과목이었다. 과도한 액수의 의료비, 학자금, 아이들 교육비, 생활비 등 재정 압박이 강할 때면 '밥벌이'의 유혹이 어김없이 찾아들었다. 그럴 때마다 하나님은 선지 동산에 그대로 머물러 있으라고 하셨다.

　감사하게도 하나님의 음성을 따를 수 있는 믿음을 주셨고, 모래에 혀를 박고 죽겠다는 각오로 그 명령을 따르고 나면 다시 하나님에 대한 신뢰를 더욱 강화시켜 주셨다. 전적인 하나님의 은혜로 마침내 장로회신학대학원을 졸업할 수 있었다. 신학의 문을 처음 두드린 후 7년 만의 일이다.

졸업하고 2년 후 목사안수를 받았다. 일산 한소망교회 류영모 목사님의 각별하고 지극한 배려로 목회지원실에서 봉사하였다. 오늘이 있기까지 예닮교회 전 담임 김호식 목사님, 극동방송 전 사장 민산웅 장로님의 큰 사랑을 입었다.

저자는 그동안 극동방송의 '하나 되게 하소서', CBS-TV의 '새롭게 하소서', CTS-TV의 '내가 매일 기쁘게', 국민일보, 기독공보 등 여러 기독 언론 매체에 출연하여 신앙 여정과 투병에 대해 간증하였다. 또한 전국에 있는 여러 교회의 초청을 받아 간증을 하였다.

아내 김은진 사모는 간증과 찬양사역을 했다. 고난을 통과하면서 2003년 찬양 음반 1집 '내게로 오라'(Come to Me)를 냈다. 음반은 재즈풍의 가스펠로 'Via Dolorosa'(고난의 길)를 포함해 14곡이 수록되어 있다. 고난을 이기게 해주신 하나님께 드리는 감사의 증거인 이 음반은 5년 동안 버클리 음대에서 재즈를 공부하고 돌아온 전 '빛과 소금' 멤버 장기호 집사님의 헌신과, 김현균, 권달수, 이춘석 집사님 등 여러 분들의 후원의 열매다.

아내는 현재 가스펠 싱어(Gospel Singer)로 사역 중이다. 찬양은 그녀에게 하나님께서 고통의 한복판에 던져주신 사명이자, 사망의 권세를 깨는 무기요, 영혼의 호흡이었다.

또한 저자는 《디트리히 본회퍼의 신학》(대한기독교서회) 등 2권의 본회퍼의 책을 공역하였다.

저자가 투병의 한복판에 있을 때 초등학생이었던 두 아들 중 첫째는 아버지의 뒤를 이어 목회자가 되겠다는 결심으로 장로회신학대학교에 진학하여 교회음악을 전공하고 있다. 작은아들은 명덕외

고를 졸업한 후 장로회신학대학교 신학과에서 수학 중이다.

그들이 학업을 마치고 훌륭한 주의 종으로 한국교회 발전의 씨앗이 되어 하나님께 귀하게 쓰임 받는 종들이 되리라 믿는다.

사망의 늪을 건너온 지금, 뒤를 돌아다보면 오늘 나의 나 된 것은 오직 하나님의 은혜라고 고백할 수밖에 없다. 독자 여러분께도 하나님께서 풍성한 생명과 치유의 은혜를 베풀어 주시기를 간절히 기원한다.

편집 후기

예수가 살아서

(아내) 김은진 목사의 글

예수가 살아서 여기, 지금 계시다. 하나님께 모든 영광을 올려드린다! 언론인으로서, 목사로서 이 나라와 민족을 품고 기도했던 남편 목사님 역시 아직도 바람(願, hope)으로 생생하게 살아있다. 본회퍼 목사님의 책을 공역하고(《디트리히 본회퍼의 신학》, 대한기독교서회), '삶의 신학화'와 '타자(他者)를 향한 삶'이 목회철학이던 선한 목자 김성복 목사님!

늘 남편의 사랑에 빚진 마음이었다. 그토록 사랑했던 예수 이야기를 빨리 출간해야 할 텐데 13년이 걸리다니! 그의 소원이었던 유고집을 발간하게 되어 기쁘고 감격스럽다. 다시 주님을 대면하는 듯하다.

이 책은 그의 가장 치열하고 힘겨웠던 투병 기간 동안 죽음과 질병에 성령으로 저항하며 피와 땀으로 써 내려간 지극한 감사요, 찬양이다.

소망의 씨앗으로 시작하여 은혜와 감사로 글을 맺는다. 그 안에는 십자가의 눈물, 고통, 예수의 사랑, 선하심, 겸손, 부활, 생명, 용서와 채움, 즉 천국의 메시지가 다 담겨 있다.

그가 남기고 간 글은 아마 눈물 없이 읽어 내리기 어려울 것이다. 왜냐하면 그의 글 속에는 예수 십자가가 녹아있기 때문이다. 십자가 이야기가 그렇듯이 절망과 패배의식, 슬픔의 늪, 상실감에 시달리던 나에게 늘 푯대가 되어주었다. 교과서였다. 사명의 불씨를 지펴주는 삶의 동력이었다.

온통 고난에 젖은 글은 차라리 병들고 연약한 인생에게 위로를 주고, 생명의 의미를 골똘히 되짚어보고, 다시 겸손의 옷깃을 여미게 하리라 믿는다. 은혜의 Deep River로 이끌어 예수를 직접 대면시킬 것이다. 인생의 참 소망과 소명을 발견하게 할 것이다.

남몰래 흘렸던 눈물…남편 없이 홀로 '남은 자'가 된 시간들은, 혹독한 시련과 외로움의 밤이었다. 남편 목사님이 가고, 잿더미에 앉아 오롯이 아픈 세월을 견뎌야 했다. 그러나 그 고난이 나를 상처 입은 치유자–용감한 사명자로 변화시켜 목사의 삶을 살게 하였다.

"기도하지 않고 어떻게 살지?"

사랑하지 않고는 죽을 것만 같았기에 주님이 주신 사명을 받들었다. 주님은 날 홀로 두지 않으셨다. 고난의 한복판에서 날마다 지지하고 계셨다.

"내가 영원히 니 남편 되어줄게…네 편!"

길을 걷다가도 자꾸만 눈물이 쏟아졌던 내게, "내가 네 편 되어주마"라고 약속해 주셨다.

살아생전에 남편과 함께했던 투병 기간-18년간의 시간은 어쩌면 이 땅의 시간이 아닌, 천상의 시간이었던 듯싶다. 신적 시간….

엄지 척, 예배당 뒤편에서 나의 찬양 연습을 지켜봐주고 엄지 척을 들어올리며 "당신 찬양이 최고야! 너무 은혜 받았네" 부드러운 목소리로 칭찬해주던 그 남편의 목소리가 그리워진다. 만난 첫날부터 내 모습 그대로를 품어 사랑해주고 나의 인생과 사역 또한 아낌없이 기도해주고 용기를 주며 응원해주던 그 사람의 따스함이 보고 싶다.

단 한 번만이라도 만나 눈 한 번 마주치고 싶다. 손을 잡아보고 싶다. 용문산 은행나무 밑에서 사진 한 장 찍고 싶다. 해맑던 그의 미소, 호방한 웃음소리, 그의 '칠갑산'을 듣고프다.

예수밖에 몰랐던 사람! 욕심 다 비우고 맑고 순결한 영이 충만하여 나의 영을 사로잡은 목사님! 그가 남긴 예수 이야기, 은혜 회상은 영원한 감동이다.

또 흘렀다. 하염없이. 편집을 위하여 원고 교정을 하는 동안 성령님이 주시는 막을 수 없는 눈물이 쏟아졌다. 가히 진실의 위력일까. 십자가 위에서 '엘리 엘리 라마 사박다니'를 외치며 고독과 죽음의 극한 상황에서도 끝까지 하나님의 구원에 희망을 걸었던 예수!-마침내 무덤에서 일어난 그분의 부활과 승리의 진리! 내 영혼을 다시 강타하고 마구 흔들어댔다. 과연 진실은 힘이 있었다. 진실은 통한다는 막무가내 믿음으로 이 책을 세상으로 흐르게 한다.

생명의 가치가 얼마나 소중한가. 아! 인간은 얼마나 존엄한 존재인지. 그러나 시멘트 안에 갇힌 이 시대는 생명경외가 아닌 생명경시 정신이 팽배하다. 사람들의 마음이 돌처럼 굳어져 버리고 차가워져 간다.

　실버세대는 지혜로움보다 완고함으로 가득차고, 청년들은 배고픔과 방황 속에 눈물을 흘린다. 청년들은 기성세대의 탐욕을 외면하고, 결혼과 관계를 두려워한다. 결핍이나 불편함, 좌절을 감내할 힘을 잃어가며, 결국 고립된 삶을 선택하기도 한다.

　AI시대 과학기술과 기계화의 발달로 인해 청년들은 예수의 영생보다 현실적인 안정을 좇으며, 교회를 멀리한다. 신앙보다 명품이나 부동산을 더욱 가치 있게 여기며, 겉으로는 조용하지만, 내면은 두려움과 미래에 대한 불안으로 가득한 시대를 살고 있다.

　양극화가 심화되고 단절이 깊어진 사회 속에서 따뜻한 겸손, 화합, 용서, 평화 그리고 생명의 희망은 점차 희미해져 간다. 1인 가구가 늘어나며, 더 이상 공동체보다 개인의 생존이 우선시되는 사회적 분위기가 형성되어가고 있다.

　이런 시대 속에서 교회는 무엇을 위해 기도하고, 어떻게 준비해야 할까? 예수께서 전하신 생명과 사랑의 복음을 다시금 회복해야 할 때다. 겨울이 오고 있다. 동네 초등학교 앞, 여름내 자취를 감췄던 붕어빵 리어카 가게가 보인다. 어느새 한쪽 편에 둥지를 틀었다. 나도 얼른 솔로 여성들을 먹일 붕어빵을 만들어야겠다. 예수 가게를 오픈해야겠다. 사랑 없어 신음하는 이 시대에 밥 지어주는 따뜻한 목사가 되고프다.

　아파트만 재건축할 것이 아니다. 이 시대정신이 재건축되어야 한다. 복음의 밥, 진리의 밥, 성결한 사랑의 밥, 평화의 밥, 거룩한 나눔의 밥이 절실하다. 이 밥들이 재건축의 재료다. 아! 내 가슴속에 아니 예수의 뜨거운 가슴속에 그런 교회가 불타고 있다.

참회록을 써 내려가는 심정으로 신대원 과정(M.div.)을 마치고 2020년 5월 목사 안수를 받았다. 밀린 숙제 같았던 남편의 유고집을 세상에 전하며 꾸는 꿈이 있다.

주님, 이제 밀린 목회 시작하게 하소서! 상처 입은 치유자로서 이 나라와 이 시대의 상처받은 자들에게, 특별히 나처럼 외롭고 아픈 솔로 여성들에게 소망과 위로와 사랑의 예수를 전하며 살게 하소서!

다른 목사님들은 은퇴하는 나이다. 주님을 찬양한다. 그분의 카이로스를!

부족하기 짝이 없는 여종을 여기까지 사명자로 세워주시고 도와주신 류영모 목사님과 후배 목회자의 귀감이 되시며 추천사를 써주신 사랑의 목자 목민교회 김동엽 원로목사님, 추천사로 기도로 응원해주신 소망교회 김명식 장로님, 전 극동방송 사장 민산웅 장로님, 영등포노회의 존경하는 목사님들 그리고 후원을 아끼지 않으신 장로님들, 신문사 선후배 기자들과 동료들, 평생 믿음의 용기와 기도를 가르쳐주신 사랑하는 나의 어머니-이숙영 권사님, 함께 고난의 길 함께 걸으며 힘이 되어주고 이 책의 편집에 동참해준 자랑스런 두 믿음의 아들-영준, 현준! 귀여운 삽화로 하나님께 영광을 올린 예비 화가-율리, 윤아, 출판의 모든 과정에 함께 해주신 김현균 선배님, 또 이 땅의 모든 솔로 여성들과 기다리고 인내하며 동역하여 준 홀여성선교회 이 모든 분들께 감사하며, 사랑과 이 기쁨을 나누고 싶다. 특별히 뜻깊은 남편의 유고집을 정성껏 기도하며 완성해 주신, 쿰란출판사 대표 이형규 장로님께 감사를 드린다.

무엇보다도 병들고 고통 중에 있는 자들에게 다가가 치유와 소망의 역사가 일어나는 축복의 통로가 되기를 바란다. 이 한 권의 책으로 인해 이 땅에 소망의 빛 가득차길 기도한다.

또 하나의 귀한 간증이 있다. "표지부터 메시지의 시작이다"라는 믿음으로 기도해왔다. 표지 작업의 마지막 순간까지 하나님은 그분의 자비로운 얼굴을 양지희 작가를 통해 보이셨다. 주님의 열심이 김성복 목사의 영혼에 부활의 흰 옷을 입혀주신 것이다. 양지희 작가님이 개인적으로 어려운 상황 가운데서도 하나님의 영광을 위해서 통 큰 재능 기부를 해주었다. 부족한 여종의 선교를 도와 '쥬빌리' 작품을 표지 그림으로 아무런 대가 없이 선뜻 내어준 진정한 예술가이며 동역자이기에 존경과 감사를 전한다. 특히 '쥬빌리' 작품을 통해-이 아름답고 생명력 넘치는 그림과, 희년의 해방과 자유의 영을 독자들과 공유하게 되어 기쁘다. '생명을 살리는 그림'으로 예수 생명 충만한 삶을 누리시고, 양 작가님의 간구와 소원도 반드시 응답되길 기도한다.

바랄 수 없는 중에 바람(願, hope)으로 세운 하나님 나라-이 모든 소망과 기적은 하늘의 영광을 드러내고도 남는다. 오직 하나님께 영광을 올려드린다. 할렐루야!

나는 소망으로 살아 있다

1판 1쇄 인쇄 _ 2025년 4월 21일
1판 1쇄 발행 _ 2025년 4월 30일

지은이 _ 김성복
엮은이 _ 김은진
펴낸이 _ 이형규
펴낸곳 _ 쿰란출판사

주소 _ 서울특별시 종로구 이화장길 6
편집부 _ 745-1007, 745-1301~2, 743-1300
영업부 _ 747-1004, FAX 745-8490
본사평생전화번호 _ 0502-756-1004
홈페이지 _ http://www.qumran.co.kr
E-mail _ qrbooks@daum.net / qrbooks@gmail.com
한글인터넷주소 _ 쿰란, 쿰란출판사
페이스북 _ www.facebook.com/qumranpeople
인스타그램 _ www.instagram.com/qrbooks
등록 _ 제1-670호(1988.2.27)
책임교열 _ 이화정·최찬미

© 김성복 2025 ISBN 979-11-94464-38-9 03230

책값은 뒤표지에 있습니다.
이 출판물은 저작권법에 의해 보호를 받는 저작물이므로 무단 복제할 수 없습니다.
파본(破本)은 구입처에서 교환해 드립니다.